励志名人传

之

苏化语　冯凌◉著

篮球死神
Kevin Durant

北京时代华文书局

图书在版编目（CIP）数据

励志名人传之篮球死神 / 苏化语，冯凌著 . -- 北京 : 北京时代华文书局，2023.12
ISBN 978-7-5699-5111-0

Ⅰ . ①励… Ⅱ . ①苏… ②冯… Ⅲ . ①凯文·杜兰特—事迹 Ⅳ . ① K837.125.47

中国国家版本馆 CIP 数据核字 (2023) 第 240985 号

LIZHI MINGREN ZHUAN ZHI LANQIU SISHEN

出 版 人：陈 涛
选题策划：董振伟 直笔体育
责任编辑：马彰羚 张彦翔
装帧设计：王 静 赵芝英
责任印制：訾 敬

出版发行：北京时代华文书局 http://www.bjsdsj.com.cn
　　　　　北京市东城区安定门外大街 138 号皇城国际大厦 A 座 8 层
　　　　　邮编：100011　电话：010-64263661　64261528

印　　刷：小森印刷（北京）有限公司
开　　本：710 mm×1000 mm　1/16　　　　成品尺寸：165 mm×240 mm
印　　张：15.5　　　　　　　　　　　　　字　　数：249 千字
版　　次：2023 年 12 月第 1 版　　　　　印　　次：2023 年 12 月第 1 次印刷
定　　价：90.00 元

本书图片由视觉中国提供。

开篇
反英雄，与世界对抗

凯文·杜兰特曾经是美国人最喜欢的那种超级英雄。

在21世纪的第一个十年走向尾声的时候，NBA（美国职业篮球联赛）呈现出一种文质彬彬的气质。这早已不是威尔特·张伯伦恣意妄为的20世纪60年代，也不是拉里·伯德孤高乖僻、"魔术师"约翰逊放荡不羁的20世纪80年代，甚至迈克尔·乔丹那近乎偏执的统治欲也已经被当作传奇封印在记忆里。

在这个时代，巨星如同流水线上的产品一样守规矩。他们在电视和杂志上的微笑颇有精英的神态；他们习惯了西装革履，对时尚有独特却不会过度前卫的追求；他们几乎不讲过激的垃圾话，彼此间和睦相处，然后用一种堪比小学老师的耐心将火炬传递给后来的人。

那个时候，凯文·杜兰特符合每一条标准。

杜兰特出生在华盛顿哥伦比亚特区的贫苦之地。凭借无与伦比的天赋，加上他人无法比拟的刻苦，他获得了"超能力"，用以守护他的城市和人民，甚至为国出战、夺取至尊荣耀。他很聪明，却有些腼腆，他的谦逊和适度的天真与其无坚不摧的战斗力形成鲜明对比——他已经是超级巨星，但依然保持着一颗纯粹的心。

杜兰特总是在观察着日月的升落，试图从中找到一条通往永恒的道路，他愿意付出任何代价去成为传奇。所以，他永远会在每一次训练开始之前早早到场，然后加练到最后。更重要的是，他愿意接受那些成名更早的超级巨星的帮助，无论对方是诚恳或是带有一丝傲慢。

那个时候，超级英雄电影风头正劲，专栏作家把杜兰特比作各个英雄，从DC漫画的"塑胶人"到漫威的"神奇先生"、"雷神"托尔。2010年，ESPN（美国娱乐与体育电视网）旗下杂志在封面上刊登了NBA与漫威的跨界漫画，科比是

"钢铁侠"，詹姆斯是"美国队长"，而杜兰特举着"雷神之锤"。有人说，杜兰特已经取代托尔，成为新的"雷霆之神"。耐克甚至由此推出"超级英雄"系列球鞋，而杜兰特的签名款，在深邃幽蓝的底色上凸显出几道黄绿色的光，如同闪电劈开静谧的夜空。

那个时候，他恣意挥洒青春：雷霆队诞生的第二年，杜兰特成为NBA历史上最年轻的得分王，球队顺利打入季后赛；第三年，他率队打入西部决赛，成为MVP（最有价值球员）的热门人选；第四年，雷霆队站在了总决赛的舞台上。一切都显得如此容易，杜兰特不需要做更多的事情，他只需要展现自己无与伦比的天赋，成功便随之而来。

杜兰特以为他已经找到了永恒。这个从小就习惯于迁徙的孩子第一次尝到了安定的滋味，俄克拉荷马城给了他无条件的爱与支持，而他帮助这座伤痕累累的城市逐步从阴霾中走出，让这里的居民有了新的精神依托。他几乎可以确认，自己将成为联盟中的一颗恒星，与他的球队、他的城市一起走到终点，而这些荣耀将被载入历史，"千年万岁，椒花颂声"。

一切看起来都顺理成章，直到大厦崩塌。

在很多年后，杜兰特已经获得了所有能够证明自己的奖项，真正站在了联盟的顶峰，却始终渴求着更多的认可："我是联盟最佳球员，我的故事将被写进历史，我是赢家，我很幸福。"但反对的声音总是很多，于是他不得不花更多时间泡在互联网上与路人争吵。如今他不再是哪里的神，不再拥有一个无条件爱他的城市，他和俄克拉荷马城伤透了彼此的心，他每次谈及，总是"此恨绵绵无绝期"。

如果有人问他最喜欢的超级英雄是谁，他或许会沉默，然后回答："其实我更中意恶人。"

这就是凯文·杜兰特，此时此刻，用"与世界为敌"来形容他再合适不过。

目录CONTENTS

PART

KEVIN
(1)
DURANT

使命召唤

宿命迁徙

KEVIN DURANT

第1章

当地时间2018年6月12日。

人群从凌晨三四点开始聚集，待到日出之后，已有熙熙攘攘之势。欢庆的舞台就搭在美国国家广场毗邻国会大厦的那一端，在华盛顿纪念碑的"注视"下，电视台工作人员和警察都是既紧张又兴奋，数名狙击手已在附近的大楼上就位，平素矜持的联邦政府职员走出地铁站的时候会拿一条免费发放的小横幅或小毛巾，随时准备在办公之余到楼下或站在窗台边加入狂欢。站在美国首都正中心的草坪上，无数人穿着鲜艳的庆祝T恤，上面有的写着"骄傲地代表哥伦比亚特区"，有的写着"骄傲地代表马里兰"或"骄傲地代表弗吉尼亚"。

这三个地名，代表的就是美国的首都圈，即所谓的华盛顿都会区。以华盛顿哥伦比亚特区为中心向外扩张，环首都公路线紧紧包裹住马里兰和弗吉尼亚的部分郊县，将联邦机构锁在美国的政治中心，再辐射四周，造就了美国人口最富裕、受教育程度最高，同时也是贫富、种族和阶级最分明的都会区之一。

这是NBA巨星凯文·杜兰特的家乡。

1988年9月29日，杜兰特降生于休特兰。这个只有3万人口的小镇坐落于离哥伦比亚特区不到2公里的地方，而它隶属的乔治王子郡，则是华盛顿都会区里最贫穷、单亲家庭比例最高的郡。

杜兰特就出生在一个典型的乔治王子郡的家庭里。他的父亲抛下了还在襁褓中的他，母亲从此带着他和他的哥哥托尼，在乔治王子郡里换了一个又一个出租房，直到他习惯了与熟悉的环境分离，直到他习惯了不能拥有长久的友谊，直到他们"几乎住遍了乔治王子郡的每一个角落"。

在乔治王子郡，荒废的房屋比比皆是，同样泛滥的是沉溺于毒品和酒精的人。杜兰特的母亲旺达是一个坚强的女人，她不愿像这些人一样自我放逐，而是选择从早到晚不断地工作，赚取微薄的薪资来喂饱自己和两个孩子。"所以我从小就知道，如果没有从日出工作到夜晚，就没有东西可以吃，"杜兰特后来回忆说，"这就是我们的生活，并不算特别坏，但也没有什么可以期待的。"

杜兰特的童年就在一间间狭小逼仄的公寓房中度过，按他的话来说，仿佛永远生活在"盒子"里。他也没有朋友，出现在他生活里的好像就只有他的母亲旺达、外婆芭芭拉、哥哥托尼，后来还多了一个人，就是塔拉斯·布朗。

布朗给杜兰特的生活带来了一样崭新的东西：篮球。

"我第一次走进体育馆的时候，就爱上了这项运动。"杜兰特说，那个时候他才8岁。布朗是一个毫无背景的草根教练，在乔治王子郡，他经营着一家叫作锡特普莱森特运动中心的社区体育馆。在年幼的杜兰特身上，他看到了一个正在冉冉升起的希望，一个能代表这个地区的黑人青少年崛起的希望。他成为杜兰特的篮球教父、人生导师。

布朗很快就意识到杜兰特与众不同的天赋。"我记得他10岁那年，我们去佛罗里达打比赛，当时在坦帕湾附近有个全美青少年篮球锦标赛。"布朗说，"面对实力强劲的对手，他总能找到办法得分，无论以什么样的方式，篮球总能落入篮筐。那一天比赛结束后，我就跟他说：'孩子，你以后能进NBA。'"

杜兰特半信半疑，但他开始对NBA产生向往，并告诉了他的母亲旺达。

母亲没有笑话他的梦想，而是在确认他不是心血来潮之后告诉他："那你一定得努力才行。"布朗和旺达一起，为小小的杜兰特详细规划了通往未来的路径。

"现在凯文成功了，别人总是会问我：'这种梦想成真的感觉是不是特别好？'但我总是跟他们说：'不，这不是一个梦想成真的故事，现在所发生的一切，其实都始于我们当时的计划。'"布朗说，"我们一直严格遵循着这个计划，最终这个计划奏效了。"

布朗要求杜兰特长时间握

住篮球，可以站着或者坐着，甚至也可以躺着，但必须握住篮球，每次坚持至少一个小时。

杜兰特还得在附近的山丘练习冲刺爬坡，每天必须爬30次。他的母亲就坐在山下的车里，一边读书一边监督着儿子的训练。

有时候，布朗会在球场上安置若干三角锥，杜兰特必须运球到每个三角锥前，再做一个动作闪过或者绕过去。但布朗规定，他连续两次的过人动作不允许重复。

当然，杜兰特更多时候是泡在篮球场上，不知道有多少次，他累得在场边的板凳上睡着了，直到被人叫醒才回家。"当时周围的人都用那种看疯子的眼神看我，"杜兰特说，"因为我总是待在那里，一天到晚都待在那里。"

布朗认为杜兰特太瘦了，从骨架来看也不像是能长得特别壮实的类型，所以他成为中锋的希望不大。"他必须练好持球和运球的基本功。"布朗说，"他也不喜欢老是重复这些训练，有时候甚至会哭鼻子。但下一次训练、下下次训练，杜兰特永远都会参加，因为他迫切地希望自己变得更好。"

这些努力是有回报的，杜兰特的篮球技术进步飞快，体能也越来越好，更棒的是，他还在快速长高——他从小就比身边的同龄人高很多，这一度让杜兰特有些自卑，但对一个篮球运动员来说，这却是无与伦比的天赋。

因为篮球，杜兰特认识了一个新朋友——比他小4个月的迈克尔·比斯利。同样在乔治王子郡，比斯利家的条件甚至比杜兰特家还差，在小小的一间公寓房里，他的母亲养着6个小孩儿。"第一次见面的时候，他偷了我们队里的比萨。"杜兰特说，"但当我第一次到他家玩儿的时候，我就什么都明白了，6个孩子，家长要怎么才能喂饱他们呢？"

他们开始在一起打球，在彼此的头上扣篮，后来比斯利说自己从11岁开始就知道杜兰特一定会进入NBA，因为他的天赋是如此耀眼。"他可以做这个，他可以做那个，他还会继续长高，以后还会增重。一年之后，我们队去外地打比赛，我们俩年纪还太小，只能在副场随便打打，但所有人看到他都会说，快给这孩子找个经纪人，他现在就需要一个经纪人。"比斯利回忆说，"有一天训练结束之后，我坐在场边，他和其他队友还留在场上练一个战术。然后我抬起头，看见他刚好走在一盏灯下，他背着光走来，我就觉得，兄弟，这简直像是天国幻景。"

但是杜兰特心里有自己的天国，不是很远，就在华盛顿都会区的另一端。

杜兰特始终记得他第一次去往此处的心情。当时布朗要带他们去水晶城的球场训练，于是他们坐上地铁，由东向西穿过哥伦比亚特区，进入弗吉尼亚州，到了整个都会区最富庶的所在——阿灵顿郡。

那里的一切都与乔治王子郡迥然不同，那里有五角大楼和国家公墓，那里的街道宽阔又干净，没有刺耳的警笛声，没有酒鬼的喧闹，一派宁静祥和，独幢洋房坐落在林荫道的两侧，看上去漂亮而精巧。杜兰特第一次意识到，这个世界不只有狭小混乱的乔治王子郡，竟然还有如此的人间天国。

二十年过去了，杜兰特早已不记得那次训练的细节，但他一直念念不忘那次旅行。"我感觉如果我能到弗吉尼亚州，我才算是真正活过了。"杜兰特对《华盛顿邮报》说，"你懂我的意思吗？"他想要过上那样的生活，想要从家乡的混乱里逃出，带着全家人一起过上好日子。那次旅行，以及此后无数次到弗吉尼亚州训练和比赛的日子，让杜兰特有了一个明确的目标：要改善家里的条件，要给家里带来荣光，那他就一定要离开乔治王子郡，离开这个他称之为家乡的地方。

"这就是华盛顿的生活，你能看到那么多不同的故事和如此巨大的文化差异，你能看到两边的色彩。而我，把这一切当成我前进的动力。"

按照教父和母亲的规划，杜兰特带领乔治王子郡的美洲虎队在AAU（美国业余体育联合会）联赛中夺得冠军，并且逐步在青少年篮球圈拥有一定的名气。在即将升入德鲁·弗里曼中学八年级的那个暑假，他已经是一个又高又瘦、很显眼的孩子了。"虽然杜兰特不怎么投三分球，但他的中远距离跳投却是无解的存在，真的，我感觉他在15码（1码≈0.9144米）左右根本不会失手。"他的中学教练迈克·琼斯说，"在那个暑假，我第一次见到他，然后我去跟布朗教练聊了聊，布朗说这是个从来都不会满足于现状的孩子，他不在乎自己这一场得了多少分，只想要不断进步、再进步。"

进入高中后，杜兰特先是在马里兰州的美国国家基督学校读了两年，然后转学到了弗吉尼亚州的篮球名校橡树山学院，最后又回到马里兰州的蒙特罗斯基督学校读了一年。

"当时我不太理解为什么我要到处转学，"杜兰特后来回忆说，"我就是听布朗教练的话，还有我妈妈和继父，他们都说这样对我最好，让我可以在最好的竞争环境中成长，每年都更上一个台阶。"

布朗和旺达当然有他们的道理：尽管国家基督学校还不错，但橡树山学院是高中篮球名校，能使杜兰特获得大量的曝光机会，便于球探、媒体和赞助商发现他的潜力。但是那里的球员都太出色了，当时泰·劳森也在队里，所以他必须提前与得克萨斯大学队签约后，在高四那年转回篮球实力相对较弱的学校，这样才能凸显他的能力。

"每到一个学校，我立刻就能学到那个学校篮球队的优点，成长得特别快，所以之后我就必须换个地方，去看看我究竟还能走多远。"

于是，不断地搬家和转校，不断去适应新的城市、新的球队、新的文化，就此成为杜兰特生命的主题。或许，这也为杜兰特之后的职业选择埋下了伏笔。

当勒布朗·詹姆斯以自由球员身份回到克利夫兰骑士队，后来又为家乡拿到一座总冠军奖杯的时候，华盛顿的许多粉丝，甚至包括奇才队的一些管理层，都燃起了一种热切的希望。他们发起了名为"KD2DC"的活动，希望杜兰特能重归故土，帮助华盛顿地区打破44年没能夺得任何一项四大联盟（美国国家橄榄球联盟、美国职业棒球大联盟、美国职业篮球联赛、美国国家冰球联盟）冠军的魔咒。

但杜兰特的选项里没有奇才队。

"我不是特别喜欢总提以前的事情，但我确实不怎么想在家乡打球。"杜兰特恳切地对媒体说，"不是因为这里的球迷，我很喜欢以前在这里打球的生活，在朋友们面前表演，每天都跟朋友和家人待在一起。那是我人生中的一个段落，但它已经结束了。"

"我感觉自己正在试图书写人生的第二个章节：作为一个男人，生活在这个国家的另一边，想要做不一样的事情。我已经完成了所有在哥伦比亚特区、马里兰州、弗吉尼亚州的任务，现在是尝试些新东西的时候了。所以我不愿意回来，这就是我的想法，跟篮球、球迷或是这座城市都没有关系。我就是很单纯地觉得，属于这个部分的人生已经结束了，我该进入新的阶段了。"

于是时间来到2018年6月12日。

在哥伦比亚特区、马里兰州和弗吉尼亚州，福克斯体育从凌晨4点开始直播华盛顿首都人队盛大的冠军游行。这支NHL（美国国家冰球联盟）的冰球队为华盛顿都会区扫去了44年无冠的阴霾，超过10万人身穿鲜红色的球衣或T恤，聚集在国家广场，共同见证这骄阳下的庆典。

但凯文·杜兰特的辉煌闪耀在这个国家的另一端。他站在花车的最前排，在漫天飞舞的蓝色与金色彩片里骄傲地张开双臂，香槟恣意喷射，而总冠军奖杯和FMVP（总决赛最有价值球员）奖杯就在他的身边。**连续两年夺冠，连续两年荣膺FMVP，他已经心满意足地登上属于他的宝座。**

杜兰特身披勇士队战袍，肩膀上巨大的文身仍然拼出"马里兰州"的印记，但他再也不是童年时那个想要衣锦还乡、把弗吉尼亚州视为人间天国的自己。隔着3小时的时差，家乡之于杜兰特，已经完全是一张征服过的旧地图。

他不会回头看。

得克萨斯
KEVIN DURANT

第2章

　　高中时期的杜兰特是个非常单纯且执拗的孩子，刚到橡树山学院的时候，他还没有太大的名气，但得克萨斯大学甚至在那之前就发现了他。

　　当时得克萨斯大学长角牛篮球队的助教拉斯·斯普林曼负责东海岸地区的学员招募，而斯普林曼发现杜兰特的过程，则纯然是一个意外。他去马里兰州看了一场比赛，当时他的主要观察目标是1985年出生的国际球员胡安·帕拉斯奥斯，他还可能顺便观察已经小有名气的泰·劳森，但实际上，他的目光很难不移向那个一直在默默投篮、又高又瘦的小伙子。

　　斯普林曼被旁边的人介绍给布朗，然后知道了这个小伙子叫凯文·杜兰特。当天晚上，他就给得克萨斯大学队主教练里克·巴恩斯打了个电话。"哥们儿，"他在电话里的声音听起来有点儿亢奋，"我们最多能给年轻球员发多少奖学金？"

　　当时杜兰特才上高二。

　　那年暑假，杜兰特跟巴恩斯见了一面，他和他的家人都对巴恩斯团队的表现非常满意。按照布朗的说法，得克萨斯大学队的教练组一直在问杜兰特，他们能为其做些什么。这很重要，因为杜兰特显然能给球队带来大把得分，教练组展现了他们对他的关爱。巴恩斯甚至小心翼翼地提及，得克萨斯州在美国的西南角，距离东海岸的华盛顿都会区非常遥远，但旺达不以为意地笑了笑："只要为了我的儿子好，他去多远的地方都可以，他的哥哥就在堪萨斯州读书。"

　　但是那时就做出承诺还太早了，杜兰特随后转学到了橡树山学院，在那里，他收到了更多学校的邀请，其中北卡罗来纳大学（以下简称北卡大学）是最积极的一所。

　　"他们对我打出了'劳森牌'，"杜兰特说，"我跟劳森在橡树山学院是室友，那可是我的兄弟，北卡大学特别希望我们两个人能一起加入。我参加了几次正式的校园访问，还看了一场比赛，北卡大学队绝杀了杜克大学队。我高三的时候，北卡大学队拿了NCAA（全国大学体育协会）锦标赛冠军，我当时就想，我一定得去北卡大学。"

　　唯一的问题是，北卡大学队当时的阵容过于耀眼。"学校的高年级学生都非常优秀，"杜兰特回忆起当时的北卡大学队，"有泰勒·汉斯伯格、丹尼·格林，这些球员都在，所以我在里面会不太有存在感……说没有存在感不太准确，但我如果每场比赛能打40分钟，为什么要去一个只能打25分钟的地方呢？"

随后杜兰特又参观了一次得克萨斯大学，他走进球馆，跟当时的长角牛队球员练习了几次远投，而且巴恩斯跟他聊得非常投机。"他离开的时候，韦恩（杜兰特的继父）说今晚就会告诉我结果。"斯普林曼回忆说，"那天晚上有一场NBA比赛，但我已经完全忘记是哪场了，我就记得晚上10点的时候，教练巴恩斯给我打了个电话，问我有消息了吗，又过了几分钟，凯文来电话说：'我会去。'"

斯普林曼让杜兰特重复一遍，于是他说："我会去得克萨斯大学。"但斯普林曼要求他一字一句复述。

"我承诺加入得克萨斯大学。"

带着对得克萨斯大学的承诺，杜兰特进入高四，成为全美篮球排名第二的高中生，仅次于格雷格·奥登。这一届，得克萨斯大学总共招募了七名新生，除了杜兰特，还有另外两个五星球员——D. J. 奥古斯汀和达迈·詹姆斯，他们后来也都进入了NBA。

"当这群新生第一次过来训练的时候，说实话，我都不知道该说什么才好，他们看起来就像是要立刻征服球场的样子。"当时长角牛队的大二球员A. J. 艾布拉姆斯说，"凯文比他们晚到一点儿，他是暑假快结束的时候来的，看上去害羞又内向，但过了不到一个月，他就完全融入了集体。"

在队友的描述中，当时的杜兰特有一些奇奇怪怪的癖好，比如，他迷恋New Balance的运动鞋（得州人基本都是耐克的粉丝），喜欢穿20世纪70年代流行的那种长筒袜，还喜欢向大家宣布自己接下来要干什么：他时常突然站起来大声说

"我要去吃饭了"或者"我要去训练了"。

他总是在训练，队友抱怨说，每一次他们出去玩儿的时候，总是要等杜兰特，因为"凯文还在训练"。甚至有些时候，他们去夜店玩儿，或者去谁家里参加派对，杜兰特会中途退出，然后返校自己加练。"有一次，他说他练完了就给我打电话，"斯普林曼说，"结果我睡着了，醒来一看发现有个未接来电，是凯文午夜12点40分给我打的电话。他总是这样，我们没办法让他离开训练馆。"

巴恩斯对杜兰特的严苛程度远超他人，这也是杜兰特没法离开球馆的原因之一。一旦进入球队，杜兰特的缺点就摆在了教练的眼前，尤其是他的防守问题。在一场表演赛后，巴恩斯教练特地把全队召集到一起，看录像分析球队的问题，然后对杜兰特说："**你是我见过的最糟糕的防守球员。**"

在此之前，杜兰特从未听过这样的批评。他有种奇怪的逻辑：只要我得分比你多，那么我的防守就是成功的。但巴恩斯教练才不惯着他："凯文站得离对手太远，没有团队防守的意识，几乎无法挡住任何人。"

"那天凯文给我打了电话，听起来难过极了，"布朗回忆起当时的情形，"他说：'教练说我是他见过的最糟糕的防守球员，他还让我立刻到外面找堵墙撞死。'"

杜兰特十分沮丧，但把这份批评铭记在心。没过多久，得克萨斯大学队遇上了同州对手得克萨斯理工大学队，恰逢当时得克萨斯理工大学队主帅鲍勃·奈特接近创造某项纪录，而杜兰特那一场简直打疯了，**他砍下37分，抢到23个篮板**。在比赛结束后的第一时间，他就冲向教练席问道："嘿，我的防守怎么样？"

他仿佛永不知足，他对篮球技术的追求仿佛永无止境。周六晚上比赛结束之后，他依然会在周日一大早给教练打电话："我们去球馆吧。"他对篮球有一种天然的欲望，尽管前一晚他已经上场35分钟，再过一天他又会在比赛里得到几乎同样多的上场时间，但他就是还想要更多，想要更多地跟篮球在一起，想要更好地提升自己。"当我告诉他今天必须休息的时候，他的表情好像是被我毫无缘由地揍了一顿。"斯普林曼教练回想起当时，仍然忍不住笑出声来，"我不得不跟他说：'我知道你很想打球，但我得保住我的工作。'"

他一场一场在进步，教练能教他的东西也越来越少。杜兰特一家跟得克萨斯大学队的教练团队已经很熟悉了，尤其是斯普林曼。有一次旺达问他："看着凯文，你会不会有一种被惊艳的感觉？"斯普林曼一开始的回答是："不，因为我忙着让他变得更好，没空发出这种感叹。"

但后来他们到了堪萨斯州，在松鸦鹰队的主场，杜兰特上半场就拿下25分。在中场到来之前，他的脚以完全翻折的角度崴了一下，看上去踝骨甚至已经碰到了地板。教练已经做好了他无法上场的准备，但下半场开始前，队医来到教练席，通知大家杜兰特准备好了。于是杜兰特带伤出战下半场，仍然砍下12分。最让斯普林曼念念不忘的是，**杜兰特站在中场松鸦鹰队的标志上，一脚踏在鹰喙上，投中了一记超远三分球。**

"我在赛后给旺达拨去电话，我说：'对不起，我骗了你，你儿子确实让我惊艳。'"斯普林曼说，"那是我毕生无法忘记的场景。"

那一年，杜兰特场均得到25.8分、11.1个篮板、1.3次助攻、1.9次抢断、1.9次盖帽。**他横扫了全部6项最佳球员奖项，成为首个获得奈史密斯年度最佳大学篮球运动员的大一新生，同时全票赢得了约翰·伍登奖。**他帮助得克萨斯大学队成为这一年NCAA锦标赛的四号种子球队，并且顺风顺水地闯过了第一轮。

但疯狂三月总是不缺"灰姑娘奇迹"，第二轮，得克萨斯大学队被尼克·杨带领的南加利福尼亚大学队阻截，尽管杜兰特得到全场最高的30分，但长角牛队前进的步伐就此停歇。"那是种非常微妙的心情，"布朗说，"凯文讨厌输，但他也知道，自己无法再向他的同伴许诺什么'明年再来'，这就是一切的终点了。"

没有人讨论过这个话题，但所有人都知道：杜兰特不会再回到大学，他将要踏上新的征途。他没有召开新闻发布会，只是在之后的某一天，在某个对公众开放的球馆里，他突然走出去宣布了他的决定，然后继续回到球馆训练。

随后ESPN、雅虎等许多家新闻社都发出消息：**2007年4月11日，得克萨斯大学队的大一球员凯文·杜兰特离开大学，进入NBA选秀。**

建队基石
KEVIN DURANT

第3章

2007年5月22日，决定命运的乒乓球落下，波特兰开拓者队抽到了状元签，西雅图超音速队紧随其后。美国最西北的两个州陷入狂喜，而随即便要面对2007年NBA选秀的终极问题：**奥登，还是杜兰特?**

凯文·杜兰特是一年前全美篮球排名第二的高中生，排在他前面的那个人是格雷格·奥登。杜兰特包揽了这一年NCAA男子篮球项目的六大最佳球员奖项，但奥登带领俄亥俄州大学队进入了NCAA总决赛，并且以一己之力打爆了佛罗里达大学队的豪华内线组合。现在他们两个人都要进入NBA选秀，毫无疑问，他们已经锁定了头两名。一个人将去往俄勒冈州，而另一位将在华盛顿州落脚。

一开始，杜兰特说他的心愿是为开拓者队效力。

"我当然想成为状元秀，但更重要的是，开拓者队的阵容也很理想，"杜兰特说，"球队有拉马库斯（阿尔德里奇）和布兰登·罗伊。"当时开拓者队已经搭好了青年军的雏形，又在这样的选秀大年里拥有一枚状元签，象征着开拓者队几乎已锁定了拼图的最后一块，其争冠阵容即将完整。

杜兰特想要成为那块最后的拼图，他已经开始想象，罗伊和他的二、三号位组合，在联盟里会掀起怎样的风暴。但杜兰特的体测成绩很糟糕，他没办法卧推185磅（约84千克）的杠铃，这是一个大大的扣分项。

他沮丧极了，但长角牛队主帅巴恩斯坚定地在媒体面前捍卫弟子的尊严："我不知道他的卧推成绩是多少，但我知道，他的力量足以让他举起NBA总冠军奖杯。"

但开拓者队却仍有疑虑，因为其并不是在寻找建队核心，核心球员早已在队中，球队只是在寻找阵容中最后的拼图。尽管杜兰特对他自己与罗伊的组合充满信心，但开拓者队考虑到其对球权的要求，以及球队在锋卫摇摆人位置上已经满员的事实，加上队内的阿尔德里奇也是以跳投见长的大前锋，奥登显然才是最佳选择。

19岁的奥登是一个非常安全的选择，因为他是篮球界传统定义中的建队基石的模样：坚实的大个子中锋，技术不错，擅长团队配合，他甚至长得都像比尔·拉塞尔。NCAA总决赛几乎是他的个人宣传片：在手腕上的伤还没痊愈的情况下，他面对乔金·诺阿和艾尔·霍福德，得到25分、12个篮板、4次盖帽，他在篮下几乎是予取予求，打出了66.7%的命中率。

他正是开拓者队所渴求的那种球员：一个能够统治篮下的中锋，一个尤其擅长抢篮板和盖帽的"野兽"。

但问题是奥登的一条腿比另一条腿长了半英寸，这导致他发力不均，或许潜藏着较高的伤病风险。更致命的是，他会紧张。在开拓者队的试训里，他几乎尴尬又充满歉意地展现着自己的能力，而杜兰特在两天后也来到波特兰，像是一场狂暴飓风席卷了场上的一切。

ESPN的两名分析大师做了一场模拟选秀，比尔·西蒙斯坚定地支持杜兰特："我完全理解这种围绕传统中锋建队的思路，但如果是我，我会选择拉里·伯德、"魔术师"约翰逊、迈克尔·乔丹、埃尔金·贝勒、奥斯卡·施密特、杰里·韦斯特、邓肯、鲍勃·佩蒂特和哈夫利切克，以及所有在NBA里打过球的非中锋巨星，简而言之，我会选择杜兰特。"

但查德·福德给出了与之相反的观点："选择凯文·杜兰特就像跟一名超级名模约会，她很美，你跟她在一起显得超酷。一开始都挺好的，但当你想稳定下来、结婚生子的时候，她就会开始关注更年轻的'小鲜肉'了，一旦有机会，她就会抛弃你。""在你跌落低谷的时候，杜兰特是不会陪你渡过难关的人，他会选择更大的城市和更好的球队。但奥登不会背叛你，他忠心耿耿，他会帮助球队里的其他人变得更好，让球队变得更强。"查德·福德说道。

无论是出于什么原因，波特兰开拓者队做出了选择，在选秀大会正式召开之前，所有人都心知肚明，如果不出意外的话，第一个被念出的名字将是格雷格·奥登。

而这个决定正中萨姆·普雷斯蒂的下怀。

就在选秀大会开始前的几周，西雅图超音速队内部发生了一场不大不小的"地震"。老板克莱顿·本内特绕开了原本的篮球事务主席兰尼·威尔肯斯，亲自指定年仅30岁的萨姆·普雷斯蒂为球队的新任总经理，并立刻宣布赋予他"有关篮球事务的完整权力与职责",威尔肯斯则在新的权力架构里退居次席。

彼时还无人知晓,普雷斯蒂肩负着秘密任务,他的超音速队目标与邻州的开拓者队截然不同:他要寻找的不是一块拼图,而是承载着梦想和希望的建队基石。"他知道他能寄希望于凯文,虽然他的办公室远在西雅图,但他意识到了凯文的特殊之处。"巴恩斯说,"我不知道他到底预见到了什么,但他做了大量的功课,搜集了海量的资料,他对我讲:'只有这样才能启动一艘巨轮。'"

超音速队在NBA中并不孱弱,尽管其在2006—2007赛季里仅取得31胜,战绩排在联盟倒数第五位,但"双子星"雷·阿伦和拉沙德·刘易斯的存在,让其在任何球队面前都有一战之力。没有人知道,这艘"巨轮"即将重启,而原本的"双子星"将不再是舵手。

2007年6月28日,选秀日。

杜兰特的亲朋好友,足有上百人,来到现场为他助阵,他的母亲、继父和兄弟,以及布朗教练都陪在他的身边。布朗的西装口袋里还装着查尔斯·克雷格的讣告,克雷格也是杜兰特的启蒙教练之一,在8岁的小杜兰特看来,他亦师亦父,像一座指引方向的灯塔。克雷格以前总是说:"凯文,等你去参加选秀的时候,我一定得跟你一起进小绿屋。"但他的生命终结于2005年,一颗子弹从背后命中,让他倒在乔治王子郡雨后潮湿的路边,而他的年纪也永远停留在了35岁。不久之后,杜兰特将自己的球衣号码更改为35号,作为不能忘却的纪念。

"我本来应该把那份讣告递给凯文,让他带上台去的。"布朗后来提起的时候不无懊悔道,"但当他的名字被叫到,他站起来拥抱我时,我的脑海里突然一片空白。我现在想起来还是后悔,但我想,无论如何,查尔斯那天晚上一定跟我们在一起,共同见证凯文的重要时刻。"

杜兰特上台接过黄绿配色的超音速队球帽。他在稍后接受采访的时候说,自己很期待跟雷·阿伦和刘易斯一起打球,他会在前辈们的带领下好好努力。然而没过多久就有交易消息传来——雷·阿伦这位球队核心被打包送到了波士顿凯尔特人队,同时被送走的还有球队的35号签,而其换来的是凯

尔特人队刚刚用5号签选中的乔治城大学队前锋杰夫·格林，再加上后卫德隆蒂·韦斯特、前锋沃利·斯泽比亚克和一个未来的二轮签。

"我当时想，哇，管理层真的为我重新调整了阵容，"杜兰特后来回忆起这一切，"球队允许我自由成长，而我根本不需要再去担心自己不是状元秀这件事。我只有一个感觉，这是我的球队，而高层给我时间去成长，允许我犯一些错误，不要求立刻出成绩——所以我对未来充满了期待。"

《西雅图时报》在体育版打出了大标题"**你好，杜兰特；再见，雷·阿伦**"，宣告西雅图超音速队的改朝换代。

"这是一个艰难的决定，但这对球队来说是最好的选择。"总经理普雷斯蒂说道，"我们的目标不是打进季后赛，而是要长久的、可持续的成功。"随队记者珀西·阿伦引用了球队老板本内特的发言："我个人十分希望留下为我们做出过巨大贡献的球员，但是，管理层相信我们可以围绕杜兰特建队，走向一个全新的未来。"

PART

(2)

年轻巨人

南柯一梦
KEVIN DURANT

第1章

在选秀大会的当晚，杜兰特在采访中明确拒绝被称为 **"西雅图救世主"**，他说："我从八岁开始打球时就知道，篮球不是一项单人运动，而自己也不是什么救世主。"但事实是，这个温柔多雨的城市正近乎绝望地渴望着一个救世主的到来。

西雅图超音速队创立于1967年，上一任老板是星巴克（同样是西雅图的一家知名企业）前任CEO（首席执行官）霍华德·舒尔茨，在超过40年的时间里，超音速队与西雅图这座城市缠绕共生，早已融入当地人的骨血。但在2006年收购超音速队之后，新老板克莱顿·本内特就对西雅图怨言颇多，他说主场钥匙球馆过于破旧，但市里不支持他们再建一座新的球馆，这样的老古板思路会严重阻碍球队的发展。

人们因此议论纷纷。有人说本内特想把球队的主场搬到他的老家和福地——俄克拉荷马城，偶尔也会有其他城市出现在流言里，所以当杜兰特披上黄绿配色的战袍时，西雅图人短暂地松了一口气，他们认为，新的希望已经来临，搬家的事情将会被搁置。

于是西雅图张开双臂拥抱杜兰特，向他展现了超乎寻常的热情。不仅是未来的队友，连西雅图出身的其他球队球员也积极地向他表达着爱与关怀。杜兰特的经纪人阿伦·古德温同时也代理着超音速队名人堂球员加里·佩顿的事务，后者在西雅图的办公室大门永远向杜兰特敞开。

萨克拉门托国王队新秀斯潘塞·霍伊斯成为杜兰特的向导，为他介绍城市的风貌，带他感受西雅图的温暖和热情。"他的父母也接纳了我，仿佛我也是他们的孩子，"杜兰特回忆说，"我整天都待在他们家，跟他和他的朋友一起玩儿。"

快船队球员威尔·康罗伊也说："我们从一开始就想让凯文融入西雅图这个大家庭，每次练球，我们都不会忘记邀请他一起。"

随着时间的推移，杜兰特在西雅图安定下来。他在郊区买了一座漂亮的房子，在主场比赛时，他每天都会开车经过浮桥到达球馆，以欣赏沿途的美景。他回忆起那段时光，怀念道："西雅图总是下雨，但你可以看到桥下的水是如何流淌的。在春天，你还能看到美丽的山峰。"

　　他受邀为MLB（美国职业棒球大联盟）的西雅图水手队开球；他跟西雅图出身的球员贾马尔·克劳福德、威尔·康罗伊和内特·罗宾逊建立了友情；作为一个十几岁的年轻人，他尽可能地参与当地的社交活动。他在积极融入这座城市，或者说，他开始与这座城市拥有了一种羁绊。

　　"我不仅仅是为超音速队打球，"杜兰特说，"在这里，我身边还有一些像家人一样的人。我身处在一个美好的社区，有一座不错的房子。我在这里安居乐业。"

　　赛季刚刚开始，杜兰特就已经展现了几分巨星潜力，他在前8场比赛中场均能够得到20.3分，另外有4.9个篮板进账。但他的缺点同样明显：他持球时间过长，不怎么喜欢传球给队友，经常在24秒的最后时刻被迫迎着防守出手，这让他的命中率惨不忍睹——**他场均出手19.6次，命中7.5个球，命中率仅有38.2%。**

　　但另一方面，这支超音速队确实没有太多的亮点。罗伯特·斯威夫特在长达一年的伤停之后，在场上显得笨重又缓慢；德隆蒂·韦斯特的表现令人失望，在前8场比赛里，他只有3场比赛得分上双，场均助攻数也少得可怜——只有3.1次；至于沃利·斯泽比亚克，超音速队高层本来指望着他能够用自己的经验带一带这支刚刚重建的球队，但他几乎没怎么上场，上场的时候也表现得相当糟糕，虽然他享有1300万美元的年薪，但他带给超音速队的几乎是负影响。

　　2007—2008赛季伊始，西雅图超音速队以0胜8负开局。

　　然而令西雅图人夜不能寐的却并不完全是球队的成绩，毕竟这是为了重建必然要付出的代价，更糟糕的是，超音速队球迷逐渐发现，他们的希望落空了——杜兰特的到来并未打消老板搬家的念头，相反地，甚至可能还加速了这个计划。在赛季刚刚开始不到一周的时候，本内特就宣布：他计划给超音速队和WNBA（美国国家女子篮球联盟）的风暴队都建造一个新家，不在西雅图甚至华盛顿州的任何地方，而是在俄克拉荷马州的俄克拉荷马城。

时间终于到了2008年4月14日，这是超音速队整个赛季最后一次在主场钥匙球馆作战，17072名球迷蜂拥至现场观看超音速队与达拉斯独行侠队（前中文译名为达拉斯小牛队，为了方便阅读，本书统称为"达拉斯独行侠队"）的比赛。

没有人知道这是不是球队在西雅图最后的战役，所有人都对此保持着异样的缄默。而球迷，最为可怜的球迷，在即将被抛弃的关头，仍希望用自己的声音表达对球队的支持。

超音速队几乎落后了一整场，却在比赛只剩下3分14秒的时候突然爆发，打出一波10∶0的攻势，颠覆了整个局面。

反超的那个瞬间，是杜兰特的中距离跳投命中，篮筐上的时钟显示还剩下41.6秒，球迷开始高呼："救我超音速队！"杜兰特快速后撤防守，同时高举着手臂激励着球迷，鼓舞他们从心底发出越来越强烈的呐喊："**救我超音速队！救我超音速队！**"

声浪不断涌动，如浪涛般打在球场上。

这是西雅图超音速队建队的第41年。球队曾经在1978—1979赛季赢得了一座总冠军奖杯，在20世纪90年代曾经连续8年晋级季后赛，在1995—1996赛季闯入总决赛，最终苦战6场后输给了拥有乔丹的芝加哥公牛队。

在杜兰特到来之前的五个赛季里，超音速队只进过一次季后赛。杜兰特本来应该是超音速队新的未来。在他的新秀赛季里，杜兰特场均贡献20.3分、4.4个篮板和2.4次助攻。他赢得了"**最佳新秀**"称号，尽管他的身体明显过于瘦弱，在NBA激烈的身体对抗中显得弱不禁风，但他热爱这

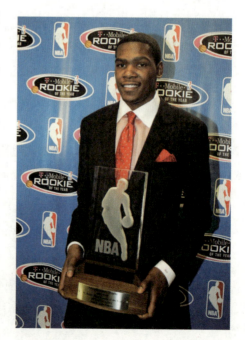

一切。

整个赛季，杜兰特作为得分后卫有90%的时间都在场上叱咤风云，他的未来已初现雏形，尽管其技巧看起来仍有些稚嫩。他超过四分之一的出手来自油漆区内，在他的整个职业生涯里，只有第二个赛季的禁区得分比这个赛季更高。另外有近三分之一的出手是远距离两分球，这是他职业生涯中最高的数据。当时的他是一个充满能量的进攻手，还在学习如何利用自己独特的身材优势和跳投技巧来打破防守。

杜兰特的投篮命中率只有43.0%，三分球命中率更是跌至28.8%，两项数据均成为他常规赛生涯中的最低点。更加令人忧虑的是他糟糕的防守表现，几乎抵消了他惊人的进攻贡献。然而瑕不掩瑜，他高超的进攻能力无可比拟，他是超音速队球迷心中无与伦比的希望。在杜兰特穿着超音速队球衣的最后一场比赛中，他打出了惊人的表现——**42分、13个篮板、6次助攻、1次抢断和2次盖帽**，在仅出手25次的情况下，帮助球队以5分的优势战胜了勇士队。

西雅图超音速队最终以20胜62负的成绩结束了这个赛季，排在联盟倒数第二位，这意味着球队能在选秀里收获一个高位新秀，继续围绕着杜兰特打造年轻且有活力的阵容。

事实上，超音速队在选秀大会上用第4顺位选中了来自加利福尼亚大学洛杉矶分校的后卫拉塞尔·威斯布鲁克，又在第24顺位选中西班牙的赛尔吉·伊巴卡——球队拥有无比光明的未来。

但凯文·杜兰特终究没有成为西雅图的救世主。

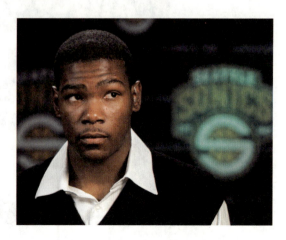

4月18日，NBA董事会以28票赞成、2票反对的投票结果通过了超音速队的搬家请求，超音速队正式宣告了将要离开这座城市的消息。只有独行侠队老板马克·库班

和波特兰开拓者队老板保罗·艾伦投了反对票，这显然无济于事。

7月2日，就在选秀大会结束一周之后，NBA总裁大卫·斯特恩宣布西雅图市和超音速队达成分手协议：超音速队历史上获得的奖杯、冠军旗帜和退役球衣都将留在西雅图，而且只要NBA同意，超音速队的队名、队标、主题色也都将无偿交给西雅图未来的新球队来继承。但是，管理层、球员、工作人员，

以及教练办公室里的平板电视机，都将跟随球队搬到俄克拉荷马城。西雅图超音速队41年的辉煌历史，也将从此与俄克拉荷马城共享。

那一刻，杜兰特心里在想什么？

"我当时很兴奋，说真的，因为俄克拉荷马州离得克萨斯州更近，我更熟悉那里的生活方式。"很多年以后，杜兰特说，"直到现在，我年纪渐长，再回头看，才开始理解当时的事情对西雅图的球迷意味着什么。那个城市早已跟篮球绑定在一起，而把他们热爱的球队从西雅图搬走，是一件非常残忍的事情。"

十多年过去了，杜兰特成为NBA里最坚定的"西雅图支持者"，每当有记者问他NBA应该在哪座城市扩军，他的回答永远是西雅图。如果你继续问他西雅图的球队应该叫什么名字，他会说超音速队。他甚至表示，如果可以的话，他愿意在退役之后成为一个小股东，为重建西雅图超音速队贡献力量。

但在事件发生的那一年，他还年轻，还不到20岁，他只觉得自己果然注定无法停留在某处，他的人生旋律就是永恒的迁徙。"我没有多余的感想，"杜兰特说，"因为我已经习惯了从一个地方搬到另一个地方，**这就是我的命运，我接受。**"

俄城新生
KEVIN DURANT

第2章

抵达俄克拉荷马城的第一件事，是参观国家纪念馆。

球员们走入俄克拉荷马城国家纪念馆，走上三层，转进一间光线昏暗的房间。房间里铺着灰色地毯，天花板很低，球员们挤在一条窄窄的长凳上，后背紧贴着墙壁。这个房间布置得跟水资源委员会大楼地下的听证室一模一样，它的原型本来就在街对面。

房间前方的桌子上放着一台录音机，正在播放 1995 年 4 月 19 日上午 9 点开始的听证会的录音内容。那场听证会的主题是一名男子请求将他名下的地下水装瓶并出售，但在开始两分钟后，一声巨响传来，随后是玻璃破碎声和呼救声。在漫长的挣扎声过后，灯光闪烁，纪念馆的房间变黑，墙上照亮了在俄克拉荷马爆炸案中丧生的 168 人的脸。

这份录音记录了2001年"9·11"事件之前发生在美国本土最严重的恐怖袭击，它导致168人死亡，其中有19名遇难者是幼童或婴儿，另有超过680人受伤。方圆16个街区的324幢建筑物受损或被毁，86辆车遭到烧毁或被冲击波摧毁，损失超过6.52亿美元。在爆炸发生的中心，艾尔弗雷德·P.默拉联邦大楼的正面被完全炸毁，这座曾经雄伟无比的政府大楼在一瞬间灰飞烟灭。

在爆炸案发生的13年后，当一个普通美国人想到俄克拉荷马城时，首先想起的依然是那桩惨案。俄克拉荷马城的人民一直在尽力修补他们的城市，这里本来是保守党的大本营，他们本来笃信小政府、低税收的模式，但在爆炸案发生之后，民众自愿承担了更多的税负，以修建公园、人行道和体育场馆。"每一次，他们都投了赞成票，"市长米克·科内特说，"这是前所未有的壮举。"

2008年3月，在西雅图超音速队尚未做出最终决定的时刻，俄克拉荷马城62%的选民投票同意加征1%的消费税，以筹集一笔钱款：其中1亿美元将用于翻新福特中心球馆，作为未来NBA球队的主场；另外2100万美元则用来改建一幢合格的训练馆，为球队提供训练保障。

他们的诚意收到了回报。一个月之后，俄克拉荷马城有了自己的NBA球队，此时距离那桩惨案刚好过去了整整13年。本地居民迫不及待地接纳了新生的球队,他们希望挣脱过往的创伤,和这支球队一起,为他们的家乡创造新的记忆。"你们都是这个故事的一部分,"国家纪念馆的导游告诉球员们,"你们将见证整个城市如何像凤凰一样涅槃重生。"

杜兰特以前就来过俄克拉荷马城,作为得克萨斯大学队球员,他也曾随队参观过事件遗址,但这是他第一次参观纪念馆。这份伤痛,以及整座城市迫切地想要重建的心愿,深深地打动了他。这让他想立刻返回球馆训练,提升自己的技艺,成为能够让这座城市骄傲的人。

在第一次公开训练的时候,无数球迷蜂拥而至,人数多得远超杜兰特的想象。

"可你们还没见过我们比赛呢!"他说。

人群中马上有人回答:"你们能站在这里,就让我们很高兴了。"

这座城市给这支球队起名为"雷霆"。雷霆队的主场设在福特中心球馆,距离纪念馆只有1英里(1英里≈1.61千米),这里不再有黄绿配色,取而代之的是蓝色与橙色。篮球场上空也不再挂着1978—1979赛季总冠军旗帜和格斯·威廉姆斯、兰尼·威尔肯斯等人的退役球衣,当球员们踏上球场,听到的将是"O-K-C! O-K-C!"的欢呼声。这是新的城市,新的球迷,新的时代篇章,这支俄克拉荷马城雷霆队将为了新的使命而拼尽全力。球队正要开启新的故事,而后视镜里的西雅图已经消失踪迹。

在赛季的前13场比赛中,雷霆队仅仅赢了1场。教练更迭,P. J. 卡莱西莫下课,助理教练斯科特·布鲁克斯上位,但在接下来的13场比赛里,他们还是只赢了1场。前32场打完,球队的成绩是3胜29负。"我们什么都没有,"雷霆队总经理萨姆·普雷斯蒂说,而这种不确定性滋养了兴奋与期待,"我们确实一无所有。"

但俄克拉荷马城展现了无与伦比的耐心。"球队正在重建,这是一个漫长的过程,"国家纪念馆馆长卡里·沃特金斯说,"就像是我们重建这座城市。"

杜兰特在市中心买了一栋宽敞的褐砂石住宅,他在2018年夏日搬进来,当时周围还是光秃秃的。但等不了多久,一幢50层楼的摩天大厦就会开始动工，它会在2012年10月建成，从杜兰特家的客厅窗户望出去，就能看到它高耸入云的身影。"我们来的时候，这里还是一座鬼城。"杜兰特在2016年接受《体育画报》采访时说，"现在我看着那幢大厦，就像一座灯塔，永远提醒着我们是从何处而来，我们已经走了这么远。"

在重建的路上，球迷几乎对任何事情都感到新鲜，他们对球队取得的任何微小的成绩都致以最热烈的祝贺。2009年1月，雷霆队在主场击败了纽约尼克斯队，尽管那支尼克斯队实在平庸，但观众席却是一片欢声雷动，仿佛球队刚刚完成何等不易的壮举。"那是怎么回事？"普雷斯蒂不解地问，而现场的引座员笑容灿烂，眼睛里闪着骄傲的光芒："我们击败了纽约市！"引座员大声喊着，"纽约！"

在2008—2009赛季里，雷霆队在两年内选中的三个高位新秀是球队当之无愧的核心。杜兰特场均得到25.3分，杰夫·格林16.5分，而整个赛季82场全勤的威斯布鲁克场均也能拿下15.3分。但对他们的批评声也逐渐响起：杜兰特看起来太弱了，常常在外线飘着投篮，仿佛惧怕身体对抗；威斯布鲁克又太独了，作为一个控卫，他本应该为杜兰特和格林创造更多机会，但他经常无视队友，非要自己迎着封堵投篮。在赛季结束的时候，两位二年级生的投篮命中率都不到50%，威斯布鲁克更惨，甚至不到40%。

但这并不重要，年轻的巨人如同幼兽，对他们而言，更重要的是在比赛中获得了真切的磨砺。在这里，犯错是可以容忍的，短期成绩是可以牺牲的，成长才是重中之重。在这样自由成长的空间里，杜兰特迅速找到了自己的定位。

他是这支球队毫无疑问的灵魂支柱。

每次训练或比赛之前，凯文·杜兰特一低下头、举起手，整支雷霆队就自动靠过来。不仅是队友，还有教练和训练师、总经理和总经理助理、球探协调员和公关总监、录像剪辑师和装备师，以及来自NBDL（NBA发展联盟）和来试训的落选自由球员。杜兰特的身高足有2.08米，臂展也长，所以当他高举起手时，没有人能够真的与他击掌，但大家握住了他的手腕、手臂或手肘，如果从空中俯瞰，就像是以杜兰特为中心的五朔节花柱。

　　"一、二、三，家人！"杜兰特喊出口号。与前一个赛季在西雅图时的情况不同，杜兰特说："这个赛季队里的所有人都感到轻松了许多，这是一种很亲密的感觉，就像是我们变成了一家人。"

　　杜兰特后知后觉地认识到，这样的生活让他感到舒服，是因为他仿佛回到了大学时代。他离开大学校园的时候才18岁，而在西雅图超音速队那样的老牌球队里，他感觉浑身不自在，他甚至不知道教练和队员们都住在哪里。但在俄克拉荷马城，他的日程安排紧凑却简单：去训练，训练完就去买点儿烤鸡翅，然后回家跟几个队友一起玩儿电子游戏，一直玩儿到晚上要睡觉的时候。第二天重复一遍，唯一的区别是可能换一个地方住。

　　雷霆队的训练中心原来是一个巨大的溜冰场，旁边有一个生产狗粮的工厂，每当起风的时候，狗粮的气味就会飘得到处都是。雷霆队的33名工作人员把办公室设在了这里，而杜兰特和队友们也要每天在狗粮的气味中足足训练3个小时。

为了呼吸一点儿新鲜空气，杜兰特和两个队友有时候会逃出训练馆，跳进皮卡车的车厢，来到俄克拉荷马州埃德蒙附近一条小溪旁的大型砖砌排水池。这个地方本来是泄洪用的，如今与小溪接壤的地方已经长满青草，两旁种着梧桐树，变成一个社区公园。这个排水池的两侧是将近20米高的斜坡，于是它就被杜兰特称为"山丘"。在这人造的山丘下，杜兰特仿佛回到了自己8岁的时候，他带领着队友重复自己儿时熟悉的训练，从山下冲上山顶，然后再从山顶走下来，重复几十次，直到他们都又累又饿。然后，他们会回到杜兰特在埃德蒙的家，倒在他的毛绒沙发上，玩儿电子游戏，吃一些鸡翅，像是普通的大学生那样。

"这里的烤鸡翅特别便宜！不到100美元就能买到100个，"杜兰特说，"超级划算，对吧？"

队友戴斯蒙德·梅森认为这几个年轻球员好似亲兄弟一般，他说："等他们长大了以后，他们可以畅所欲言地与对方交流沟通，因为他们是朋友，他们之间的关系已经紧密到足以就事论事，而不必担心误伤到谁的感情。"

这种氛围一直延续到又一个高位新秀詹姆斯·哈登的到来，三人组变成了四人小团队。他们总是在大声谈笑，在飞机上、在去往另一个城市的长途大巴上，他们之间总是有很多无厘头的笑话，没什么特别的意义，但就是能令他们笑成一团。他们还会一起去看电影，杜兰特说他最喜欢的一次是去看一部恐怖片。"杰夫之前就看过这部片子，所以我们就老问他：'杰夫，后来怎么样啦？'可他什么都不肯说。"杜兰特承认，电影本身怎么样其实并不重要，"我就是喜欢和兄弟们一起去看电影的这种感觉。"

推特在他们的友谊里也扮演了一个重要的角色，这个新兴的社交网站刚刚在联盟的年轻球员里流行开来，而雷霆队的少年当然走在时代的最前沿。那个时候的舆论环境还远不如今天这般会抓住每一个字眼放大，公众人物乐于分享自己的生活。有一阵子，雷霆队的四人小组简直把推文当成了短信在发：要叫另一间房里的队友过来玩儿，发条推文；打算叫房间服务，发条推文问问别人要吃点儿什么；看了一部好电影，发条推文；结束了一个采访，那当然也要发条推文。"前两天我的手机丢了，简直像掉出了地球表面！"杰夫·格林在推特上写道。

他们开始叫自己"**雷霆大学**"（Thunder U），这个称呼很快得到了俄克拉荷马球迷的认可，甚至球队工作人员也开始频繁地这样称呼他们。在赛后采访的时候，主帅斯科特·布鲁克斯被背后传来的嬉闹声打断，他会稍微顿一下，然后摇着头，脸上挂着纵容的微笑："雷霆大学。"

杜兰特说，这一切与俄克拉荷马城的文化环境息息相关，他承认，在迈阿密、纽约或洛杉矶可能会很难，因为那里有更多的诱惑。杜兰特还曾说："我大多数队友和我一样是单身，这就是为什么每天醒来，我都因能在这里打球感到幸福。"哈登也说，在俄克拉荷马城没有真正的社交生活，所以这一帮大学生年纪的年轻球员没有其他选择，只能专注于篮球和彼此。

在这种专注中，2009—2010赛季宛如一场梦幻奇迹，**杜兰特场均得到30.1分，超越里克·巴里，在21岁零197天那天，成为历史上最年轻的NBA得分王。**雷霆队在常规赛里获得了50胜，以西部8号种子的身份打进了季后赛。

　　他们像是一帮年轻的巨人，活力无限，但又低调内敛。季后赛第一轮，雷霆队对阵洛杉矶湖人队。在纸醉金迷的"天使之城"，对手球员的行止坐卧无一不是巨星派头，而雷霆队的球员则会在圣莫尼卡高中训练后放弃乘坐包车，沿着皮科大道漫步到他们的酒店，有些球员即使受了伤需要恢复，也愿意把冰袋绑在膝盖上，然后顶着热带阳光跟球队一起走回酒店。

　　最令人动容的时刻发生在第六场比赛之后，雷霆队在自己的主场，仅以1分之差彻底断送了晋级的希望。在这心碎懊丧的时刻，杜兰特在队友离开福特中心球馆之前抓住他们，他们彼此拥抱着，杜兰特的语气十分坚定："别忘记这一刻，"他说，"这会让我们变得更好。"

　　杜兰特夏天进入了国家队，在世锦赛（世界男子篮球锦标赛）上大杀四方，33分击溃俄罗斯队，38分打倒立陶宛队，在对阵东道主土耳其队的决赛中，他独得28分，带领美国队登上了金牌领奖台。**他以场均22.8分、命中率超过50.0%的卓越表现成为本届世锦赛的MVP。**

　　杜兰特受邀参加奥巴马总统在白宫举行的篮球精英聚会，这时的他才21

岁，但已经是一位名副其实的国际巨星。然后，在勒布朗·詹姆斯做出"决定"加盟迈阿密热火队组建超级球队的同一天，当更多人追逐着大城市的热闹与名利时，杜兰特跟球队一起前往奥兰多参加夏季联赛，他坐在替补席上，一边为雷霆队的新秀和二年级球员加油，一边签下了一份**为期五年、价值 8500 万美元的续约合同**。

凯文·奥利曾为11支NBA球队效力，最后一站正是2009—2010赛季的雷霆队，他说："在俄克拉荷马城发生的事情在联盟其他任何地方都不会发生，我从没见过一群如此相爱的家伙，唯一的问题是他们这种状态能维持多久。"

至少在这一刻，杜兰特感觉，他从未像此刻这般接近永恒。

新王待位
KEVIN DURANT

第3章

那两年，在詹姆斯"决定"的余波里，凯文·杜兰特几乎成为勒布朗·詹姆斯的参照组。**他是NBA最年轻的得分王，也是世锦赛MVP**，但他忠诚、友爱、团结，安于小城市的平凡生活，八卦小报上找不到他的消息，除了他在推特上对电影女星斯嘉丽·约翰逊一副迷弟模样的热情表白之外，全美人民对他的私生活几乎一无所知。

对普通美国人来说，他的脸已经不再陌生，但有一半的时间，他们会疑惑地问："啊，你叫什么名字？"

比如，他跟队友罗伊·埃维走在克利夫兰的购物中心里，会有路人激动地冲上来说："凯文·加内特！你是……加内特，对吧？"

"我是凯文，"他礼貌地说，"但不是加内特。"

有时候他会跟路人聊起自己的球队，对方会疑惑地问："俄克拉荷马城有篮球队吗？"而他也依然保持微笑地说："是的，我们是支新球队。"

有一天，他跟自己社区的安保人员聊天，很自然地聊到了俄克拉荷马城爆炸案，当那名安保人员提到他有一位亲人在那场爆炸中丧生，杜兰特马上就说："我的背包里放着一本《圣经》，我会为他祈祷。"他如此承诺。

他的目标仍然是为这座城市带来冠军，而且就像小时候一样，他成天泡在球馆里，在那里吃饭、训练、上网冲浪。在常规赛客场对阵奥兰多魔术队的一场比赛后，雷霆队在2011年2月26日凌晨3点返回俄克拉荷马城，而杜兰特在早上9点就准时抵达球馆。纳兹尔·莫罕默德当时刚从圣安东尼奥马刺队转会过来，正好要来力量房做体检，结果他一进去就看见杜兰特在健身。"哇，看到你这么早就在这里，我对这支球队的状态充满了信心。"

这是老牌篮球巨星的样子，媒体感叹道，这在如今的NBA实属罕见。"凯文·杜兰特是职业篮球圈中最不自命不凡的超级巨星，"ESPN的一篇专栏评论如此写道，"他宁愿拥有健身房的钥匙，也不愿拥有顶层公寓的钥匙。这听起来可能有些陈词滥调，但他确实通常是第一个来练习但最后一个离开的人……在球队大巴上，他还是像个孩子一样激动地跟母亲分享自己今天干了什么，直到队友拍拍他的肩膀让他小声一点儿。这是杜兰特身上最显著的特质：

他依然保持着8岁时的纯粹。"

简而言之，在詹姆斯因为离开克利夫兰而遭到口诛笔伐之际，凯文·杜兰特成为美国体育媒体夸赞的新一代巨星标杆。"不要让他成为圣人，"他的母亲旺达却提醒着所有人，"他才22岁。"

杜兰特的22岁和23岁，显然与其他人不一样。**他继续统治着NBA的得分榜**，2010—2011赛季场均得分是27.7分，2011—2012赛季则上升到28.0分。他已经成为NBA全明星赛的常客，甚至获得了**2012年全明星MVP**。从进入联盟的第二个赛季开始，他就一次不落地进入联盟最佳阵容，而且是第一阵容。在2011—2012赛季常规赛结束的时候，他在MVP的投票中票数排名第二位，只比詹姆斯少了不到200票。

坊间曾隐约有声音议论究竟谁才是雷霆队最好的球员。经过男篮世锦赛的洗礼，威斯布鲁克的表现堪称蜕变，得分对他来说仿佛易如反掌。他不再像之前那样容易失控，而是展示了更多的成熟，他现在已经能够非常老练地掌控场上的节奏。更让人感觉微妙的是，在不少场次里，威斯布鲁克的出手次数甚至高于杜兰特。

威斯布鲁克的急速成长，会影响杜兰特在更衣室的地位吗？"雷霆大学"的球队氛围会因此发生变化吗？

但杜兰特一次又一次地在关键时刻站出来。

2010—2011赛季西部季后赛第一轮第五场，雷霆队对战丹佛掘金队，威斯布鲁克15次出手只有3次命中，哈登7投2中，伊巴卡全场比赛只得到孤零零的1分。但杜兰特一个人扛起了雷霆队的进攻重任，在掘金队的三秒区附近予取予求，投篮、制造犯规，**整场比赛下来独得41分**。当倒数计时归零，雷霆队以3分的优势击败掘金队。

2011—2012赛季西部决赛的"天王山之战"，面对圣安东尼奥马刺队在下半场掀起的追分狂潮，在队友手感冰凉的情况下，整个下半场，杜兰特一秒钟都没有休息过，他19投10中，宛如一个势不可当的战神，在马刺队的篮筐中豪取27分。从三秒区开始到距离篮筐18码的地方，他的跳投可谓弹无虚发，

他几乎是以一己之力打退了马刺队的追分进攻，并帮助雷霆队以108∶103夺取了赛点。

接下来，雷霆队在西部决赛第六场首节就落后14分，杜兰特同样是在下半场全勤，并且13投9中、得到22分，带领球队实现了大逆转。"尽管开局我们落后14分，可我从来没想过再去圣安东尼奥打下一场。"杜兰特在赛后说。他的眼前一片灿烂，未来像是黄金铺就的康庄大道一般在他的脚下展开：他的俄克拉荷马城雷霆队，建队第二年进入季后赛，第三年打进西部决赛，而这第四年，球队即将登上的是总决赛的舞台。

更美妙的是，雷霆队的球员还十分年轻，在球队的14人轮换阵容里，8人的年纪不超过25岁。杜兰特已经续约了，威斯布鲁克和伊巴卡也已经续约，如果不出意外，哈登也会留下来，他们锁定了未来5年的辉煌。俄克拉荷马城如今已经焕然一新，人口逐渐增长，城里有了新的亚裔聚集区，而当居民们出门旅游、向其他人提到自己的家乡时，别人不会再提到1995年的爆炸案，而是会说："啊，我知道，杜兰特！"

这是一个童话般的故事，媒体已经迫不及待地为他们写下预言，将他们称为"**蓄势待发的新王朝**"（Dynasty in the Making）。

这一刻，没有任何人再怀疑——这个王朝属于凯文·杜兰特。

PART

KEVIN

（3）

DURANT

雷霆无声

功败小球
KEVIN DURANT

第1章

2011—2012赛季的NBA总决赛，年轻的雷霆队从西部脱颖而出，在西部决赛中挑落老牌劲旅马刺队，首次闯进了NBA总决赛，成为联盟当时最大的黑马。

这一年，杜兰特还不满24岁；而他的对手，热火队的头号球星、联盟最炙手可热的当家球星勒布朗·詹姆斯27岁，正处在篮球意识和身体素质结合得最好的技战术黄金年龄。

相比于在上个赛季以令人耻辱的方式输掉总决赛、整个休赛期都把自己关在屋子里不敢出门的詹姆斯，在生涯的第五个赛季带领球队第一次打进总决赛的杜兰特，没有任何历史及个人的包袱。毕竟全联盟都在等着看的是，说出那句"要把我的天分带去南海岸"的詹姆斯，要如何兑现他的承诺。

没有包袱固然轻松，但也意味着心理准备上的匮乏。2011—2012赛季总决赛之前，热火队的三人组，詹姆斯和德怀恩·韦德有两次总决赛经验，克里斯·波什也有一次总决赛经验。而稚嫩的雷霆队和杜兰特，到底能够打出怎样的成绩？这引发了外界极大的关注和好奇。

从身高上看，雷霆队和热火队的差异一目了然。在热火队主力阵容中，2.11米的波什是队中最高的球员，2.03米的哈斯勒姆，是球队主力轮换中最高的替补球员，更不要说他们还有个小个子控卫——只有1.88米的查尔莫斯。因为球员们的硬件条件不足，热火队只能让波什打中锋，让2.06米的詹姆斯像个内线大个子一样去抢篮板，然后再让2.03米的巴蒂尔去对位对方的重型中锋。

而雷霆队是经典的"长人"阵容。小前锋杜兰特的身高一直是"联盟未解之谜"之一。虽然初入联盟时官方记录是2.06米，但跟他同场竞技过的人都表示杜兰特绝对有2.10米；优越的身高再加上他达到2.28米的惊人臂展、超级柔和的投篮手感，这样的"硬件"配置出现在小前锋位置上，就是一个超级砍分怪兽。

杜兰特的队友也足足比对手高出一截。首发后场一攻一防是1.91米的威斯布鲁克和2.01米的塞弗罗萨，内线则是达到了2.08米的帕金斯和伊巴卡，轮换阵容主要靠1.96米的哈登带队，再搭配两名经验丰富的老将。

2012年，联盟还没有进入小球时代。虽说前一个赛季独行侠队靠着精准的投篮拿到了总冠军，但大部分的球队还是依据古典时代的传统方式去搭配组合球队：内线有苦力门板，外线有超级得分手和防守尖兵，再加上与一般球队主力实力相当的第六人带领替补阵容发起二轮攻击，这已经是常规套路。

雷霆队和热火队的碰撞，就是这种极其传统与极其创新的球风之间的较量，再加上各自球队头牌的比拼——无解得分小前锋杜兰特和全能组织小前锋詹姆斯之间的对位。

年轻的杜兰特和雷霆队认为，只要球员能够冲起来、跑起来，就没有队伍能够阻挡他们的步伐。的确，此前在西部获得的骄人战绩，证明了这一打法是合理和可行的。他们也依靠"青春战车"的急速攻势，迅速地以105：94的比分拿下了总决赛第一场的胜利。

初登总决赛舞台的杜兰特，在这场雷霆队主场的揭幕战中，没有任何怯意，不但独得36分，在第四节更是狂揽17分。相比之下，詹姆斯的30分显得黯然失色。

杜兰特给热火队和詹姆斯来了个不大不小的下马威。

但也是这场比赛，让聪明而成熟的热火队发现：虽然"雷霆战车"的轰鸣的确可怕，但其除了引擎之外的配置似乎缺乏"智能"的联动，只要阻碍住球员间的传递，并进一步压缩球场的空间，尽量让杜兰特这样的得分手接不到球，让威斯布鲁克这样的控卫陷入阵地战的单打独斗，这辆车似乎很容易就会熄火。

其实这一发现，早在赛前就被各路篮球评论员和分析员点破了。但大家都不确定的是，到了实战中，到底是天赋的上限高，还是技术的威力大。

在小心试探过后，热火队迅速制定了反制策略，通过一大四小的急速轮转和高质量的防守，全员找回状态，第二场比赛在雷霆队的主场以4分险胜，将大比分扳成了1：1。

对于球队的劣势看得最清楚的，是雷霆队的队长、老将科里森。"我们从来不是一支以内线为主的球队。"他说，"在我们队里，大个子的任务是抢篮板，为队友做掩护，拉开进攻空间，把球交给我们的主要得分手。"

可在热火队面前，雷霆队的大个子似乎在抢篮板这项主要工作中败下阵来。这主要是因为詹姆斯。"我们其实并不比他高大。"科里森谈到詹姆斯时说，"我的意思是，他有2.06米，113公斤。他比我们大多数人都更有运动天赋。这足以让他在任何位置上与我们抗衡。"

同样，出色的防守基本功也让热火队的其他人看起来并不矮小。韦德被认为是联盟中最擅长盖帽的后卫，巴蒂尔是锋线上最好的防守者，而哈斯勒姆的整个职业生涯都在与高过自己的对手较量，他早已总结出一套可行的生存之道。

现在回过头看，除了技战术的对撞之外，决定这个系列赛成败的关键点似乎在第三场，在杜兰特志得意满时说出但随之被"打脸"的一句话中。

在这场比赛第二节热火队的一次换防中，韦德挡在杜兰特的面前。在这个优势对位的情况下，杜兰特迎着韦德的防守，干拔跳投命中。这本不是本轮系列赛的第一次，也不会是最后一次，但杜兰特的情绪似乎在这次得手后过于高昂。直播镜头捕捉到了杜兰特完成进攻后对韦德说的话，他兴奋地对着韦德喊道："**你太矮小了，我会带着我的球队赢球！**"

当时，韦德就像所有好强的人听到这种垃圾话时的反应一样。"听他说完，我就一直在想，要在他身上也打进一球。"韦德说，"尽管今晚没有发生，但这迟早会发生。我会向他证明，我实际上没他想象的那么矮。"其实，韦德的反击比他自己想的来得还要快，他在下一个进攻回合就造成了杜兰特的犯规。

杜兰特的这种溢于言表的得意，最不明智的一点在于点燃了韦德的好兄弟、当时联盟头号球星詹姆斯的斗志。所有人都知道，在竞技场上最愚蠢的事，就是激怒你的对手。

而杜兰特也没有意识到的是，矮，其实并不是韦德的劣势，也不是这支热火队的短板。"我们不是大个子的球队，我们必须适应这种情况。"韦德说，"一直以来，我们都在打小球。克里斯（波什）是我们阵容中最高的球员，可我们打得也不错。"

　　实际上，热火队打得何止是不错，是非常出色。第三战的数据让热火队看上去并不矮小：他们比雷霆队多抢了8个篮板，内线得分和罚球次数也都超过了对手。

　　热火队已经在重新给小球下定义。与以往的小球打法相同的是，在进攻端，球队利用打小球的速度、敏捷和投篮等一切优势获取利益。而与以往的小球打法不同的是，球队并未因此放弃防守：篮板、盖帽、一对一的肉搏，同样激烈强悍。

　　还没有真正了解热火队"矮小"定义的杜兰特，他的首次总决赛之旅，最终以雷霆队先胜一场之后连败四场、总分1∶4不敌热火队痛失总冠军告终。他的对手詹姆斯则拿到了总决赛MVP。

　　在那个系列赛中，从直接对位数据上看，相比于常规赛的高阶数据稍稍落后于詹姆斯的表现，杜兰特的整体效率更加出色，他能以场均54.8%的命中

率贡献30.6分和6.0个篮板。在进攻端，虽然年轻的杜兰特在力量和对抗、传球组织以及全局观上并不成熟，但他仍然能凭借自己强大的得分天赋，保持超高的命中率和得分贡献。

不过，虽然数据亮眼，但看过比赛的人都知道，由于身体过于瘦弱，杜兰特的防守问题很大，根本不能直接对位詹姆斯，他在防守端被球队尽可能地隐藏，甚至会被调去防守热火队的控卫查尔莫斯。而查尔莫斯在赛后采访时也不忘调侃一番："用KD（杜兰特）来防我，就是不尊重我。"这一言论，真可谓"伤害性不大但侮辱性极强"。

进攻端只是一个纯得分手，防守端则被角色球员羞辱，这对杜兰特这样的未来超新星的内心打击巨大。也是在那个赛季后，杜兰特开始专门训练自己的组织、传球、策应能力。

虽然大家都对雷霆队青年军的失利抱以极大的宽容，但这次总决赛给杜兰特留下了难以磨灭的遗憾。在最终失利的一战后，人们看到他坐在替补席的板凳上披着毛巾低头发呆、带着极大的眷恋抚摸地板上的总决赛标识，以及在赛后投入妈妈的怀抱哭泣。

若干年之后，杜兰特回忆起当年的第一次总决赛之旅，依然有着很多的"意难平"。

他说："我就是觉得，老是让我当第二，但我并不是来当第二的，而是来赢得比赛的。我其实很感激大家尊重我的付出，但我对自己的要求更高。那个时候，我就是这样觉得的。"

"我觉得每场比赛我们都很接近胜利，很多人就说，你们打得不错，虽败犹荣，你们真棒，你们这么年轻，你们马上会回来的。但我不是这么想的，我只想要赢得那个系列赛、赢得总冠军。"

在这轮系列赛后，詹姆斯成为杜兰特唯一仰慕和想要超越的人。

渐行渐远

KEVIN DURANT

第2章

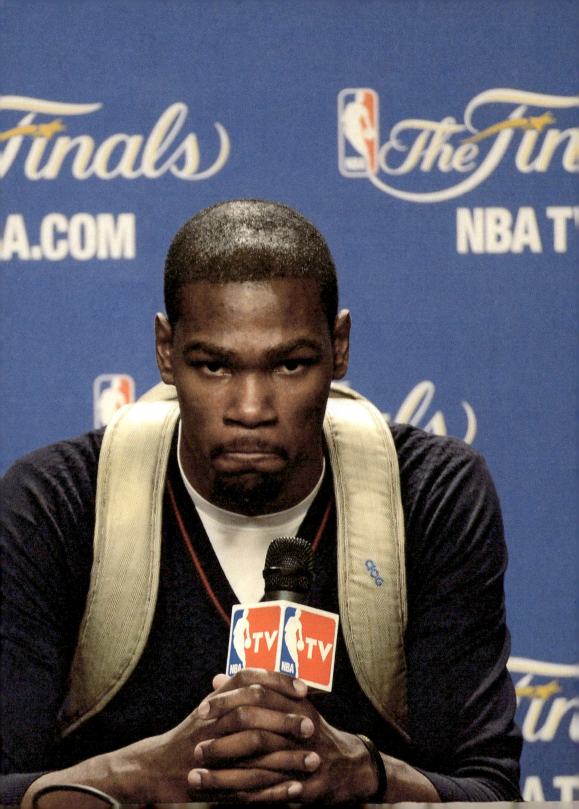

2012年10月28日，雷霆队在与休斯敦火箭队的交易中送走了哈登。获得哈登最终交易消息的杜兰特在推特上发出"哇"的感叹时，他一定没有想到，这笔交易会在接下来的几年影响他和雷霆队的缘分与命运。

在NBA这个生意场，这虽然是再正常不过和必然会发生的，但没人能想到"三少"的解体来得这么迅猛和突然。

杜兰特与哈登的友谊始于2009年NBA选秀大会之前。在参加雷霆队试训之后，哈登开始与杜兰特保持联系。虽然当时杜兰特仅进入NBA两个赛季，但被当成建队基石培养的他已是雷霆队的老大，和球队的老大走动甚密的哈登，被雷霆队选中是意料之中的事。在此后队内的训练和生活中，杜兰特一直对哈登照顾有加。

2010年，杜兰特已经在中国颇有名气，品牌商专门安排了杜兰特中国行的活动，而刚刚结束自己菜鸟赛季的哈登，作为杜兰特的"小跟班"也应邀同行。

当时的哈登，胡子还不是特别浓密，看上去非常稚嫩，甚至有些害羞。活动进行时，他总是安静地站在杜兰特的身后，绝对不抢"老大哥"的风头。但轮到他出场的时候，哈登也不怯场，总能认真完成自己的任务，用心和中国球迷交流。在北京东单体育场上，他不厌其烦地为小球员们一遍又一遍示范各种篮球基本动作，原定40分钟的活动，他和杜兰特整整进行了一个多小时。

为了帮小兄弟博取关注度，杜兰特不断对媒体表示，哈登未来会成为一名球星。但那时的杜兰特并不懂得，如果将来遇到人员调整，该如何把自己的好兄弟留在队中。

其实关于哈登的去留和雷霆队的工资表问题，早在总决赛不敌热火队之后，ESPN的几名专家就已经在专栏里展开热火朝天的讨论了。哈勃斯特在《五问雷霆队》的最后一段提出的观点就是：雷霆队中锋位置的深度足以应付帕金斯的离开。伊巴卡和科里森都能接管这个位置，杜兰特也能不时摇摆到大前锋。全联盟正掀起小球风潮，这无论如何都会是自然进程。

但当时的雷霆队正处在联盟球风转型的过渡期，在对篮球未来发展的理解上依然有着看重"低位防守"的惯性思维。况且在当时，续约哈登还要面临三个关键挑战。

其一，雷霆队作为一支小城市球队不愿意触及奢侈税，没有能力同时给出三人大合同。而哈登的团队志在顶薪，虽有一定的谈判空间，但因为他在连续两年季后赛的关键时刻都会隐身，没有展现出过硬的个人实力，让雷霆队不愿加码投入。

其二，在场上，杜兰特和威斯布鲁克两人都已经确立了当家球星的地位，他们势必都要占据着主要的球权，虽然哈登实力非凡，但在未来如何进行有效的球权分配会是个巨大难题。

其三，在场外，哈登是知名的浪子，喜好流连于各种娱乐场所，甚至在总决赛期间，都被传出在迈阿密夜店逗留的新闻，这自然让看重纪律的雷霆队在续约时打了退堂鼓。

赛季结束，哈登和雷霆队的缘分走到尽头，并不意外。

差不多10年之后，在访谈节目中聊到2012年雷霆队闯进总决赛、随即在当年休赛期送走哈登一事的时候，主持人询问杜兰特要是现在遇到这种情况会如何做。杜兰特很坚定地表示："我会坚决向管理层施压，让他们留下哈登，即使要交奢侈税，那绝对也是值得的！"

对当年个人表现非常出色，但还没有成长为联盟的巨星、尚未被确立为球队核心领袖的杜兰特来说，这支球队有太多同样优秀、有天赋和高顺位的年轻球员，所以杜兰特选择了接受管理层的一切操作，就如同大多数球员一样。他说："我当时不觉得自己和总经理之间可以有这种关系，不知道自己是否有权参与到关于哈登的谈判当中，更别说向管理层提要求。"

在当年的杜兰特看来，无论球队签了谁，都不会对他打球产生影响，他只是想要在联盟里面闯出自己的一片天。而且，雷霆队已经是争冠级别的球队了，球队一直在往好的方向发展，未来不可限量，作为球员自然会遵从球队管理层的一切决策。

但在按下"放弃哈登"选项的同时，杜兰特和雷霆队都误判了联盟发展的重要趋势，那就是小球时代的来临，以及重型中锋的边缘化。

2012—2013赛季，哈登的交易给雷霆队带来了有着出色中远投和造犯规能力、不占据球权、成熟且优秀的火力点马丁和潜力新秀兰姆。在常规赛阶段，球队并未因哈登的交易发生较大的改变，杜兰特和威斯布鲁克的"王炸组合"正式步入巅峰，球队取得60胜，并夺得西部常规赛冠军。

虽然没有蝉联得分王，但杜兰特在这个赛季打出了雷霆队时期最高的真实命中率，成为"**180俱乐部**"（"180"指投篮、三分球和罚球命中率达到50%、40%、90%）最年轻的成员。

虽然没有了哈登，但雷霆队在进攻端有较强的机动能力，防守端也相当强悍，在完全健康的情况下，那支球队的人员组合被公认是雷霆队历史上最强的。但威斯布鲁克在季后赛首轮的早早折损，也让杜兰特的总冠军梦不得不画上了句号。杜兰特在独自率队扛过火箭队之后，不敌灰熊队的铁桶阵，止步西部季后赛第二轮。

本次季后赛经历让杜兰特明白，他得尽快学会在没有威斯布鲁克的情况下带领球队。他开始意识到虽然自己还很年轻，只有24岁，"但我觉得自己是球队中经验最丰富的人，我开始明白与队友建立真正的合作关系意味着什么，我应该如何在比赛和精神方面影响他们。之前我只是努力做好自己的本分，扮演好自己的角色，但现在我意识到，我无法掌控一切。我想成为一个不那么受关注的领导者，这是必经之路。"

2013—2014赛季，杜兰特把自己的领导力发挥到了极致。在威斯布鲁克膝伤严重、缺席常规赛半个赛季的情况下，杜兰特大发神威，带领雷霆队拿到了59胜、西部第二的战绩。独自带队的杜兰特，变身"组织型前锋"，完成了最成功的一个常规赛赛季。

这个赛季，杜兰特连续41次得分25+，打破了乔丹在1986—1987赛季创造的连续40场25+纪录，他场均拿到生涯最高的32.0分，同时还有7.4个篮板和5.5次助攻。他以32分的成绩在近5个赛季内4次拿到"**得分王**"的称号，完成了和张伯伦、格文、乔丹一样的壮举。最重要的是，**他战胜了最大竞争对手詹姆斯，第一次摘得常规赛MVP的桂冠。**

2014年5月6日，杜兰特在MVP颁奖礼上感谢了上帝、家人和队友，认为是对篮球的热爱让他能保持坚强、持续投入。他回顾了自己作为一个在华盛顿郊外长大的小镇青年的篮球之路。他说自己小时候的梦想仅仅是成为一名青少年篮球联赛的教练，每天的工作就是指导一些小孩儿，日子过得普通而充实。他从来都没有想过自己有一天可以进入大学、进入NBA，更没有想到的是，能够以MVP的身份站在千万人面前。

虽然这个赛季的季后赛，雷霆队因为伊巴卡受伤，在西部决赛中以总分2∶4败于马刺队，但杜兰特依旧对未来有着美好的憧憬和期待。可就在此时，灾难降临了。

2014年10月12日，杜兰特遭遇了右脚第五跖骨骨折（琼斯骨折）。4天后，医生把钢钉打进了杜兰特的右脚，并推断他会在6—8周之后恢复健康。但在12月2日杜兰特回到球场上时，他的脚依然疼痛难忍。

杜兰特换了球鞋，试图让自己的脚舒服点儿，但作用不大。马丁·奥莫利医生认为，杜兰特的受伤很大程度上是由于他的脚形——他的脚部曲线不同寻常。"从X光照片来看，凯文的脚长得就像冰球杆。"奥莫利说。杜兰特的脚掌过窄，这让他的骨头承受了太大的压力。

2015年2月22日，杜兰特又接受了一次手术，这一次他的脚又被打入了一根钢钉，深入到骨头里。但仅仅一个月之后，他又受伤了。在又一次的诊疗中，奥莫利医生为杜兰特提供的建议是：从杜兰特的骨盆上移植一些蛋白质，将其放在脚上形成一层保护膜。从某种意义上讲，他想为杜兰特制造一个"人工脚"，这是NBA球员从未尝试过的。

杜兰特对此心怀忐忑。"我刚刚获得了MVP，可现在却要坐在轮椅上，"他说，"这太可怕了。"杜兰特想要寻找其他选项，他也不想让自己的职业生涯就此终结。在和专家的几番讨论之后，他终于决定在3月28日接受右脚的骨移植手术，但手术之后的恢复期也意味着他的这个赛季彻底报销了。

随着杜兰特的伤停，雷霆队在西部彻底失去了竞争力，球队5年来首度无缘季后赛。一个值得注意的变化是，在杜兰特受伤后，威斯布鲁克身体中的三双潜能被激发出来，他在雷霆队主导攻防的比重飞速提升，而他与杜兰特的战术地位也出现了微妙的变化。

2015年夏天，雷霆队做出了一个重大调整：解雇布鲁克斯教练，聘用大学篮球界的名帅比利·多诺万执掌球队，希望多诺万的加盟能打破球队战术运转上的"死局"。多诺万上任后的确给雷霆队带来一些新思路，随着杜兰特的归来，雷霆队也重新回到了西部的争冠集团。

2015—2016赛季，复出后的杜兰特继续刷新着各种纪录，他的生涯三分球总数突破**1000**个大关，在得分高产之余，场均8.2个篮板也创造了其生涯新高。只是那个赛季，联盟的焦点却并非杜兰特，而是勇士队的73胜。

彼时的杜兰特，急切地想要证明自己，他需要一个高光的舞台、一场伟大的战役，来扫清头顶的阴霾。在季后赛前两轮接连击败独行侠队和马刺队后，他终于等来了这样的机会：雷霆队成为勇士队卫冕路上的最强挑战者。在西部决赛中，球队取得3∶1领先的局面，一度把勇士队逼入绝境。可令人没想到的是，在此之后勇士队连扳三场，书写了历史上从未有过的翻盘奇迹。

生涯第6次在季后赛折戟，让杜兰特再也无法耐心等下去了。

单飞逐冠
KEVIN DURANT

第3章

2015年3月，经过骨移植手术和赛季报销后的杜兰特突然有了一个"确定性"的假期。5月，他应朋友德里克的邀请，来到加拿大的蒙特利尔散心。以前和猛龙队比赛的时候，杜兰特去过多伦多，他本来以为蒙特利尔和多伦多差不多。"可到了那里之后，我才发现每个人都是说法语的。"杜兰特笑着说，"我在那里遭遇了语言困难。"

往常，杜兰特的日常生活是在酒店里吃饭，在赛前午睡。可在蒙特利尔，他可以随心所欲地走到大街上，在咖啡店里打发自己的休闲时光。"当我回家之后，回想起自己在蒙特利尔度过的这个周末，感觉是如此不同。从那时候起，我的视野扩大了不少。"

在受伤之前，杜兰特一直注重于攻击篮筐，认为得分就是一切，而他的生活就是打球。可在出去散心之后，他感受到了不一样的世界，并开始把自己的注意力从篮球上转移。"我开始意识到，生活不应该只有篮球，"杜兰特说，"我想出去看看这个世界。"

当时的杜兰特大概没想到，"出去"并不仅指旅行，也可能是给自己的职业生涯换上一站。

说起来，杜兰特和威斯布鲁克的相识，比哈登还要早。他们两人一直关系良好，给予彼此信任与支持。杜兰特2014年获得MVP的时候，曾经在发言的最后着重感谢了威斯布鲁克。

他说："我知道你们肯定以为我忘了拉塞尔，但是，我可以聊他聊一整晚。拉塞尔是个很重情义的哥们儿，一直帮我遮风挡雨，但我不会把这当成是理所应当的。我爱你，哥们儿，很多人对你并不公平，批评你打球的方式，但我绝对是第一个站出来支持你的人。你一定要保持现在这样的自己，队里的每个人都爱你，我也爱你。哥们儿，我真的非常感谢你，你帮助我变得更好。你的工作态度棒极了，让我总是很想和你竞争，比一比谁能更早到球馆。当我在停车场先看到你的车的时候，我会感到很挫败。你使我奠定了努力工作的基调，我非常感谢你。你也是一位MVP级别的选手，能和你同队打球是我的荣幸。"

　　2016年季后赛雷霆队击败独行侠队的时候，独行侠队老板库班曾说："雷霆队只有一个超级巨星，那就是杜兰特。"赛后采访的时候，杜兰特面对记者，生气地说库班是个白痴。谁都看得出来，他在为威斯布鲁克出气。由此可见，威斯布鲁克在他心目中地位之重，而威斯布鲁克也一直非常尊重杜兰特。

　　在他们合作的这些年中，二人各自为战、球权分配无序的场景的确时有出现。可后来两人的相继受伤，使他们对篮球比赛的认知逐渐发生了改变，也加深了二人之间的融合。

　　公平地说，到了2015—2016赛季，杜兰特与威斯布鲁克的分工已相当明确，二人爆发出的合力，也是自他们联手以来前所未有的。季后赛雷霆队一路过关斩将、杀到西部决赛，并一度将勇士队逼到了悬崖边就是证明。但或许真的是天意，西部决赛第六场汤普森的11个三分球，扭转了这轮系列赛的局势。

　　"我感觉我在俄克拉荷马城已经达到了个人（奖项或数据）的上限，我已经做到了所有想做的。"后来回忆往事时，杜兰特说道，"并且当时我的合同也到期了，所以我想要有新的体验。"

杜兰特坦言，他想要离开的想法与威斯布鲁克的打球风格没有一点儿关系。他认为，从篮球角度而言，雷霆队始终依靠巨星的天赋解决战斗。在巨星的天赋影响下，球队也可以战胜大多数对手，但遇到提倡传导球的球队，主将会身心愈加疲惫，甚至可能心理崩溃。

在此背景下，杜兰特遇到勇士队，以及被勇士队打败，首先的感觉不是愤慨，而是看到理想的篮球战术时所产生的欣喜感。杜兰特对勇士队的总结非常到位："节奏快，每个人都能投能传，攻防都需要快速做出反应。"

况且，勇士队对杜兰特的招募发言，每一句都说到了他的心坎儿上。在休赛期勇士队的招募会议上，总经理鲍勃·迈尔斯这样说道："**如果没有你（杜兰特）的话，我们也许还能赢一两个总冠军。没有我们的话，你也许也能夺冠。但我们如果联手的话，能赢下一堆总冠军奖杯（建立王朝）！**"

而20年前一手策划将"黑曼巴"科比带来洛杉矶的勇士队高级顾问、NBA传奇人物杰里·韦斯特在电话中也告诉杜兰特，他相信勇士队是杜兰特最完美的归属。

"我第一次在总决赛输球的时候就告诉我自己，我需要再次打进总决赛，我必须再次在那个舞台上打球。我们2011—2012赛季的那次征程，从季后赛首轮到总决赛，是我经历过的最美好的时刻。所以我就告诉我自己，我必须再次达到这个高度，和任何人在一起都行，只要他们与我的目标一致，我真的想再一次进入总决赛。"

杜兰特对于篮球的痴迷，让他并不觉得换队、哪怕是加入刚刚击败了自己的对手有什么不妥。追求技战术上的最大合理性和完美的团队篮球有错吗？在杜兰特的概念里，绝对没有。

况且，他还有一套自己的认知体系。他认为勇士队并不是所谓的超级球队："勇士队从来不是一支一直胜利的球队。在我刚加入联盟时，没有人喜欢金州勇士队。所以，在我看来勇士队是弱势方。我是以球队的整个历史来看待的，并不是只看球队近五年的表现。从20世纪50年代到现在，他们并不是常胜将军，所以我就觉得这是一支弱势球队，这很好，这就是我应该去的地方。"

在做出决定后，杜兰特打电话通知了雷霆队总经理萨姆·普雷斯蒂。其实，在休赛期与杜兰特第二次见面结束后，雷霆队管理层就在纽约的汉普顿斯等待。当时，他们已经预感到杜兰特有可能会离开。ESPN记者布莱恩·文霍斯特跟进报道说，雷霆队对杜兰特的决定感到失望，但球队管理层会权衡接下来的运作。

这个夏天，为了留住杜兰特，雷霆队果断送走状态下滑的伊巴卡，补充了潜力新星奥拉迪波。如果杜兰特能留下来，那么雷霆队在新赛季将有更足的底气去争夺总冠军，杜兰特与威斯布鲁克距离生涯首冠也许就真的不远了。可杜兰特最终却不声不响地离开了，让雷霆队这一切的构想彻底终结。

2016年7月4日，杜兰特正式宣布加入金州勇士队。在离开的那一天，杜兰特发表了他的长文《我的下一章》。文中提到了几点：第一，这是一个困难的决定；第二，感谢之前的超音速队以及现在的雷霆队。他说："我的选择会让很多人失望，我真的也很痛苦，但是我相信，我正在做我认为在我的生命和职业生涯中正确的事情。"

后来，在被问及和威斯布鲁克之间的关系时，杜兰特用"很酷"这个词来形容，毕竟杜兰特和威斯布鲁克朝夕相处了8年之久，一起经历过成功和失败、巅峰和低谷，有一段难以忘怀的感情。

2015—2016赛季，他们打出了惊人的赛季表现，离总决赛只有一步之遥，他们几乎成功了。**然而杜兰特却在这么一个轰轰烈烈的赛季后选择单飞，并且加盟了一支在西部决赛中击败自己的球队。**

对于杜兰特的离开，威斯布鲁克的沉默更引起了外界深挖下去的兴趣。在二人之中，威斯布鲁克向来都是个性更加张扬的那一个。球场上，威斯布鲁克无所畏惧，大杀四方；而球场外，对于自己的想法，他通常也能直言不讳地表达。

可是当杜兰特出人意料地离开雷霆队、转投西部劲敌勇士队后，威斯布鲁克却迟迟没有对此事表态。整整20多天的时间里，各路媒体都在想尽办法接近他，希望得到他如何看待杜兰特离队的第一手消息。但这一次，威斯布鲁克却憋足了劲，就是一言不发。

僵局直到2016年7月末才被彻底打破。当时，威斯布鲁克的一位好友上传了一段与前者对话的简短视频。视频的内容只有一个——对于杜兰特离队，威斯布鲁克怎么看？对此，威斯布鲁克的回应十分特别，他没说一句话，而是把心中的五味杂陈和千言万语化作了四声狂笑。

如此特殊的回应瞬间让社交媒体炸开了锅。围绕着威斯布鲁克的这四声大笑，媒体、球迷脑洞大开，给出了诸多解释，但主流的观点都认为，对于杜兰特的离开，威斯布鲁克当然是不满的。这四声狂笑，恰恰就是他对于此事最直接、最生动的表达。

事情还远没有结束，一个月后，威斯布鲁克在社交媒体上传了一段自己哼唱泰勒·斯威夫特新歌的视频。有趣的是，这首歌的名字恰好叫《我们再也回不去了》（*We Are Never Ever Getting Back Together*）。至于他的这首歌是唱给谁听的的，恐怕也就不言自明了。

威斯布鲁克真的恨杜兰特吗？这个问题的答案或许是肯定的。但他心里也清楚，想要在联盟中再找到一位达到杜兰特这一级别的搭档，几乎是不可能的。而对于这个昔日的队友，回首往事时的威斯布鲁克其实还有更多的话要说：

"我俩在一起合作了8年，你

不能丢弃这个，所以可以肯定的是，我们还是朋友……我想，有朝一日，我们还会坐在一起聊天。"

"凯文是我所见过的最友善和最无私的人……是的，他是这个世界上最好的球员之一。他愿放弃一切去帮助我和其他队友，这让他更受人欢迎，也让我更欣赏他……另外，他的职业精神给人留下了相当深的印象。我认为他可能比我见过的任何人都要努力，当然，也比我更加努力。"

很显然，在怨恨过后，对于杜兰特的离开，威斯布鲁克更多的是不舍。随着时间的流逝，他对于这种不舍，还会感悟得更深。

毕竟在2016年，他们二人的组合，已无限接近总决赛。

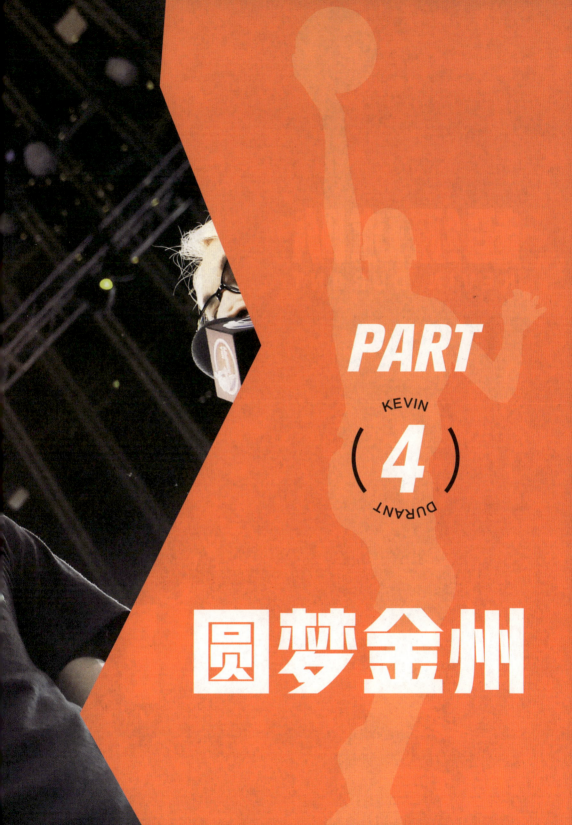

PART

KEVIN

(4)

DURANT

圆梦金州

超级球队
KEVIN DURANT

第1章

2010年，第一次在联盟自由市场中掀起波澜的迈阿密"三巨头"的组建，是基于詹姆斯、韦德、波什，特别是前两人之间的深厚友谊；而杜兰特和勇士队的联手则不同，他和库里、汤普森并没有什么太深的交情。

事实上，整个勇士队中首先联系杜兰特的，反而是"大嘴"格林。虽然他们之间的交流并不像外界传闻的那么富有戏剧性——格林在被骑士队打败后，在停车场哭着给杜兰特打电话，求他来勇士队——但至少二人之间的邮件往来还是有的。

2016年夏天，库里本来打算去夏威夷参加自己的安德玛篮球训练营，但勇士队管理层却给他打了电话，想让他一起去纽约的汉普顿斯和杜兰特见个面。库里更改了自己的行程来到了纽约，见面之后，他给杜兰特发了那条著名的短信："别在乎谁出手多，或者是谁的球衣和球鞋卖得好，我们要拿冠军。"

"不是洛杉矶，不是纽约，金州才是我应该去的地方。我也认为勇士队能给我想要的感受。"作为空降的超级巨星，无比坚定地认为自己选对了地方的杜兰特，会面临一群什么样的队友呢？他在勇士队的招募期，就对他们有所了解，并且开始喜欢上这支球队的个性了。

在招募阶段，勇士队最有诚意的一点是，除了出动管理层和老板，还带上了勇士队当时的四名球星：库里、汤普森、格林和伊戈达拉。球队的管理层希望这四名球员能够提供帮助，并且做一些准备，想好说什么。

不过四人的表现都很随意，因为他们只需要让杜兰特知道和他们在一起打球有多好，并且能赢得冠军就可以了。最后，他们也是这么做的，在和杜兰特聊天的时候，他们很轻松、自在，就像是在和朋友谈天说地一样。

相比于球星们的放松，管理组却有点儿拘谨和紧张，在会面的时候还出现了点儿小插曲。本来勇士队准备了两个VR（虚拟现实）场景，但在会面时其中一个出现了问题，所以杜兰特和他的父母、经纪人团队只看到了其中一个，不过这对最后的招募效果没有特别的影响。

在杜兰特和球队交流结束之后，剩下的最重要的一个环节就是杜兰特和库里等勇士队现有球员之间的交流，因为上场打球的是他们，他们得真正地认识到是否能在一起打球。杜兰特的疑问在于：你们在前一年刚夺冠，随后又打进了总决赛，为什么还要招募我呢？而勇士队四个球员的眼神直接给了杜兰特答案：为什么不呢？如果你加盟，这会是多么特殊的一支球队！

在球员交流中，最关键的问题就是库里的态度。当时库里是勇士队的老大，如果杜兰特加盟，库里势必要在球权、出手次数甚至战术地位上做出牺牲，这也是杜兰特最担心的问题，而库里的回答很直接："当然愿意，只要你能帮助我们，就来吧。"

勇士队的总经理则补充说："库里不是那种喜欢争抢的球员，他不喜欢争球队老大，不喜欢争MVP，他的宗旨就是赢球。"

而当杜兰特问到进攻出手怎么分配时，汤普森回答得最直接："反正我是不会变的，只要有空当我就会出手。"这样坦诚的性格，反而让杜兰特觉得很有趣。

因为大家都是超级巨星，除了场上的技战术融合，他们还不可避免地聊到了品牌代言问题。因为外界都知道杜兰特签约的品牌方是耐克，而库里的赞助商是安德玛，这两家公司本身也是竞争对手。当他们讨论到这个问题的时候，本来有点儿严肃的气氛直接被汤普森的一个"呆萌"提问化解了："那赢家是不是安踏？"

现实地说，自从2014—2015赛季勇士队夺冠之后，库里的球鞋和球衣销量都冲上了全美第一，可在上个赛季失利后又被詹姆斯超过了。对品牌商而言，本赛季应该是他们的"复兴之旅"。杜兰特的加盟必然会对库里的球衣、球鞋销量造成冲击和分流。此时欢迎杜兰特的加盟，在一定程度上意味着库里放弃了部分球衣、球鞋的销量，这对他来说可不是什么好事。

不过，无论是在球衣、球鞋销量还是投篮机会上的让步，库里都表现得非常随和。因为在他看来，让出这些不代表杜兰特会夺走他的人气。如果能重夺总冠军，他们将会得到一个双赢的结果。

所有话题都讨论完毕，当球员们离开会议室时，一向习惯轻松氛围的库里忍不住说道："气氛有点儿怪怪的，太正式了。"随后，他们五个人出来继续聊，杜兰特最关心的和想要确认的依旧是库里的想法。库里回答得很直接，他说："谁是门面球星对我来说一点儿都不重要，我只想赢。"

应该说，在这次会面中，伊戈达拉的成熟稳重、格林的激情、库里的大度和汤普森的随和都深深地吸引了杜兰特，他认为自己可以和他们一起打球，一起赢得总冠军。于是，在汉普顿斯，"五小"搭档正式组建。

虽然在杜兰特的概念里，历史上算不上豪门的勇士队不是超级球队，但以现实的标准和数据衡量，2016年有了他加盟的勇士队已经成为一支超级球队。

得到杜兰特后，"宇宙勇"的"死亡五小"升级到2.0版本。勇士队"四巨头"都是全明星球员，而且都处在28岁或以下的当打之年。数据显示，超级"四巨头"组合在上个赛季的场均得分是：库里30.1分、杜兰特28.2分、汤普森22.1分，格林14.0分。

在上个赛季联盟的场均得分榜中，一共有20人砍下20+。如今随着杜兰特更换东家，勇士队成为首支有3名赛季场均得到至少22分的球员。简单换算下，"四巨头"2015—2016赛季场均得分之和是恐怖的94.4分。

在三分球和攻防转换已成为潮流的当今联盟，上个赛季库里一共投进402个三分球，汤普森和杜兰特分别是276个和186个，这三人单赛季命中的三分球总数达到864个。

这些数据都表明，勇士队将在下个赛季拥有超强的进攻火力。勇士队上个赛季场均得分是114.9分，已经排在联盟之首，那杜兰特加盟后呢？

奇才队中锋马辛·戈塔特在推特上这样写道："杜兰特去勇士队？他们要场均拿200分吗？哈哈哈！"他的话一定程度上代表了大部分球员和球迷的心声。

或许唯一会遇到些甜蜜的烦恼的，是勇士队主帅史蒂夫·科尔，他不得不考虑在手里全是"王炸"的情况下如何出牌。比如，新赛季的主攻点究竟是谁呢？防守端又该如何安排？至少从数据上来看，勇士队这套外线阵容，完全能用犀利的进攻去弥补了。

虽然这支超级球队没有彼此间的感情作为基础，但幸运的是，勇士队的基石球员"水花兄弟"都是NBA的"星二代"出身，他们不但篮球技术扎实，而且因为成长在球星家庭，从小都受到了良好战术训练的熏陶，生活无忧、个性平和，不会敏感、易怒，这让杜兰特和他们相处起来非常舒服。

作为东道主的库里，除了继承了他父亲、神射手老库里的基因，还性格温和、善解人意，经常能不动声色地把杜兰特带入集体中。比如，在2017年1月，旧金山举行了一项社区活动，库里接到邀请，但他并未出席，而是把机会让给了杜兰特。很明显，他想帮助后者迅速融入湾区（旧金山湾区，加利福尼亚州第二大都会区），成为这里的一分子。但库里嘴上却说得云淡风轻："我好不容易有一天假期，还是让凯文去熟悉一下我的地盘吧！"

这是一项上流阶层云集的活动，每个人都要盛装出席，各界名流齐聚一堂，其中还包括勇士队的总经理鲍勃·迈尔斯和老板乔·拉科布。拉科布看起来很高兴，他刚刚得到了一项政府建设计划的投资，在这次聚会上，他看到每个人都会握着他们的手说"谢谢"。最后，他看到了杜兰特，拉科布走到自己的球员面前，拉过他的大手一个劲儿摇晃着："谢谢你，凯文，谢谢。"

而汤普森的父亲是曾经的湖人队球星、1978年NBA状元秀迈克尔·汤普森。由于父亲的缘故，汤普森从小就能得到很多名宿的悉心指导，其中就包括"滑翔机"克莱德·德雷克斯勒和"小飞侠"科比·布莱恩特，"怒吼天尊"拉希德·华莱士还陪他玩儿过游戏机。

如果说库里是NBA中的神射手，那么汤普森就是NBA中的冷箭手，库里投起三分球来毫不留情，汤普森的三分球则杀人于无形。汤普森是联盟中顶级的三分球射手，看过汤普森比赛的球迷都知道，他很少杀入禁区，一直擅长在外线徘徊，寻找空位出手的机会，本赛季杜兰特加盟勇士队，正好圆了汤普森的梦——得到更多空位的机会。

就如他自己之前的耿

直发言那样："**我没打算因杜兰特的加入而牺牲。**"杜兰特在场时会给对手造成一定的威胁，吸引大部分火力，加上库里在旁虎视眈眈，汤普森的确可以得到更多的空位出手机会，更何况他本身就有一手稳定的投篮。外界开玩笑地说，如果一直这样下去，恐怕汤普森要逆袭成为新赛季的得分王了。

　　离开俄克拉荷马城来到旧金山后，杜兰特特地选了一套位于山上的房子作为自己的居所，这里有最好的景致，推开窗子就能看到整个城市的风景和湾区的全貌，还能看到金门大桥。在这里，他也将和处在联盟山巅的新队友一起并肩而战。

首冠时刻
KEVIN DURANT

第2章

从新赛季开始，杜兰特的超级球队之旅不算顺利，特别是在球场之外。在心理上，他虽然能从篮球的角度自我说服，但还是无法在道义上对离开雷霆队的举动释怀，他不愿意让人失望，所以一度陷入纠结。

他在酒店里无法入睡，来回踱步。他一旦选择加盟金州勇士队，就变成了雷霆队球迷口中的"叛徒"。"他在决定加盟勇士队时，并没有欢庆的香槟和兴奋的尖叫，"杜兰特的商业合伙人克莱曼完全了解杜兰特的心路历程，"他相当痛苦。"

杜兰特在一夜之间成为"投敌"的代言人，他过去的"山盟海誓"都成了人们口诛笔伐的证据。"这很令人惊讶，"德雷蒙德·格林说，"杜兰特在人们眼中就是个背着双肩包的大男孩，每个人都喜欢他，因此他遭受的一切都令人难以想象。"

杜兰特刚到湾区的时候，非常想让自己成为奥克兰的一分子。他想融入勇士队的进攻体系，强调球权的分享和自己的移动，他不想成为球队中的明星，也不想引起太多关注。但是，媒体还是把他推上了风口浪尖，勇士队一度被称为"杜兰特的球队"。

对于他的加盟，谁也说不清是勇士队多了一个稳定的得分点，还是勇士队以杜兰特为核心打造了一支全新的投篮大队。不过无论别人怎么说，杜兰特还是得到了自己想要的东西。只是这台拥有顶级配置的机器，在开始阶段的磨合并不是那么顺畅。

首先就是库里的适应问题。杜兰特的到来大大分散了库里的球权，很多时候无球在手的库里必须迅速调整好自己的手感，试错的空间大大降低。不过，天性随和的库里看起来并不焦虑，他一边在自己习惯的训练场——奥克兰市中心的万豪酒店五楼的训练馆——一如既往地练习底角三分，一边嘴里哼着歌。他面带笑容地挥动着手里的皮带，来了一段即兴说唱："我可从没放弃我的投篮。"

可以说，正是库里的随和稳住了这支勇士队。这位头号球星愿意将投篮机会分享给其他队友——前提是这些家伙要能投进。库里一方面要集中精力提高自己，另一方面要激励队友严格要求自己，让自己的努力更有价值。这就是勇士队前任主帅马克·杰克逊对库里和球队的期待——用一名超级投手和许多稳定投手的组合赢得比赛。现在，这支球队中又加入了投篮高手杜兰特。

杜兰特的加盟，在为勇士队带来强大助力的同时，也引来了漫天的口诛笔伐。杜兰特和金州勇士队都明白，如果拿不到冠军，他们将成为所有人眼中的笑话。

背负着巨大的压力，勇士队的新赛季开始了。但以往快乐活泼的更衣室氛围却不知怎么变得有些微妙。因为太害怕输球，全队上下变得异常敏感，每输一场球，《体育画报》就会对其大肆宣扬。眼看更衣室氛围越来越差，库里及时站了出来，在媒体面前说："这一直都是杜兰特的球队，我们会一直共进退。"在稳定军心后，勇士队变成真正意义上的"宇宙战舰"，但有些人却不以为然，"追梦"格林天生脾气暴躁，除了库里之外，他没服过任何一个人，包括凯文·杜兰特，不过好在球队的战绩一直都还不错。

常规赛波澜不惊地进行着，杜兰特和库里在不断适应中调整着自己的节奏。**在加盟勇士队后打的58场比赛中，杜兰特场均能拿到25.4分和8.3个篮板，投篮命中率达到了生涯最高的53.8%。**

2017年2月28日，杜兰特穿着勇士队的球衣回到了自己的家乡华盛顿。为了这场比赛，他自掏腰包花了1万多美元给近80位家人和朋友买了球票，邀请他们到现场观赛。比赛刚刚开始57秒，奇才队前锋马基夫·莫里斯持球进攻，防守他的是汤普森，杜兰特在弱侧策应协防。莫里斯投篮不中后，奇才队的前锋戈塔特和勇士队中锋帕楚里亚同时跳起争抢篮板，结果帕楚里亚抢到了球，却在落地的时候压到了杜兰特的腿，杜兰特随之倒地，表现得非常痛苦。

"我听到了骨折的声音，这是我从未听到过的声音，从来没有听到过。"杜兰特回忆受伤的那一刻时说道，"所以我有些紧张。"当然，更令杜兰特紧张和害怕的是最初的诊断结果——胫骨骨折。

如果诊断无误，那意味着杜兰特需要4—5个月的时间进行恢复。听到这个消息的杜兰特突然大哭起来："这是我在勇士队的第一年，我们现在打得很好，我自己也打得很好。"

杜兰特和克莱曼一起离开医院时，情绪非常低落。"我可能赛季报销了，我得整理下思绪，得开始考虑漫长的康复期以及如何才能复出的问题了。"杜兰特说道。

在得知杜兰特重伤的消息后，勇士队的更衣室被阴影笼罩了。球队教练给克莱曼打了电话，但没告诉球员们杜兰特的情况。可格林收到了杜兰特的短信，噩耗在更衣室悄然流传，每个人都低着头，不知在想什么。

比赛结束后，杜兰特和队友在四季酒店会合。他在此时带来了一个天大的好消息：经过医生的会诊，他的脚部伤势已经被重新诊断，目前的伤病只是骨头挫伤，另外还有膝盖内侧副韧带轻微拉伤。如果恢复得当，他将会在常规赛末段重返赛场。

在杜兰特养伤期间，库里的状态也回升了。这看起来可能只是个巧合，但不可否认，当杜兰特不在场上的时候，库里的得分更高了。当勇士队在麦迪逊广场花园取得胜利时，科尔告诉库里："现在，你可以按照你的节奏来比赛了，但与此同时，你承担的责任会更重，付出的努力也要更多。"之后，有趣的事情发生了，库里一下子又变回夺冠赛季的那个他。

赢球可以掩盖所有的问题，在勇士队当然也是这样。那一年，球队在常规赛取得了67胜的战绩，虽然比上个赛季的73胜有所退步，但是明眼人都看得出来，这支勇士队的实力绝对更强了。

西部季后赛的首轮面对开拓者队，强大的金州勇士队以横扫姿态挺进下一轮，场均净胜18.0分，杜兰特平均出场时间不过28分钟，也有场均21.0分进账。

次轮的对手是爵士队，虽然其相比于开拓者队，实力和战术体系都要强不少，并且海沃德在这一轮系列赛打出了两队最高的场均24.8分、4.0个篮板和4.3次助攻，但是库里和杜兰特场均命中率都是50.0%，双双砍下24.5的场均得分。爵士队在勇士队的面前始终没有任何取胜的希望，最后的结果依然是爵士队被横扫出局。

　　淘汰爵士队后，金州勇士队碰到其真正意义上的第一个对手——马刺队。那年的马刺队以常规赛61胜的战绩闯入季后赛，也被认为是最有可能击败勇士队的球队。果然，在甲骨文球馆进行的第一场比赛，马刺队就在客场领先了勇士队25分，三节比赛快打完时，库里、汤普森以及杜兰特全都眼神呆滞地坐在替补席。比赛还没结束，勇士队已经落后了整整25分。球队自从得到杜兰特以来，还是第一次面临如此绝境，其引以为傲的进攻火力全被马刺队的防守完美化解。

　　马刺队接班邓肯的新核心科怀·伦纳德表现极为出色，得到了26分、8个篮板，状态相当火爆。然而此时发生了极具争议性的一幕，帕楚里亚在防守中"垫脚"伦纳德，结果伦纳德不仅受伤并提前离场，还缺席了剩余的比赛。伦纳德受伤后，勇士队在最后一节疯狂反击，最后拿下了第一场比赛的胜利。赛后，马刺队的主教练波波维奇非常生气地说："过失杀人难道就不是犯罪吗？"

　　帕楚里亚的这一脚使马刺队土崩瓦解。球队失去了核心便兵败如山倒，整个系列赛也就此付之东流。**在双方之后的对决中，库里和杜兰特统治了系列**

赛，两人场均合砍59.5分，效率上更是双双进入了"180俱乐部"，场均净胜分高达16.0分。

到了总决赛的舞台，勇士队面对的是老对手骑士队，这是两队第三次在总决赛相遇了。前一年被骑士队连扳三局、遗憾错失冠军的金州勇士队上下一心，急切地想要完成复仇。前两个主场，勇士队分别以23分、19分的绝对优势击败了骑士队，而杜、库二人的组合实力确实非同凡响，第一场杜兰特38分、9个篮板和8次助攻，库里则是28分、6个篮板和10次助攻；第二场库里更是打出了32分、10个篮板和11次助攻的三双，杜兰特则有33分、13个篮板、6次助攻、3次抢断和5次盖帽的全面数据。

第三场比赛，回到主场背水一战的骑士队迸发出了强大的能量。即便开场后勇士队接连轰下9个三分球，骑士队依然紧追不舍。特别是在下半场，骑士队将分差拉近到1分。随后，此前一球未中的乐福，也终于在外线开张，帮助骑士队成功反超比分。此时，勇士队的进攻突然哑火，骑士队趁势拉开分

差，欧文上篮得手后，骑士队已经领先7分。

最后一节，在比赛的最后关头，杜兰特站了出来，他在关键时刻连得7分，包括最后决定命运的远投，帮助勇士队在客场以118∶113击败骑士队，获得一场宝贵的胜利。杜兰特的这一投不但完成了最终逆转，也让勇士队以总分3∶0拿到总决赛的赛点。要知道，历史上从来没有任何球队能在0∶3落后的绝境下翻盘。

哪怕第四场勇士队输了球，回归金州主场的勇士队还是轻松取得了最终的胜利，全场比赛詹姆斯41分、13个篮板和8次助攻，然而杜、库二人合砍73分，加上伊戈达拉的20分，骑士队完全没有还手之力。

加盟勇士队的第一年，杜兰特就帮助勇士队击败骑士队夺得了总冠军，并打出了季后赛16胜1负的历史最佳战绩。整个系列赛，杜兰特场均得到35.2分、8.2个篮板和5.4次助攻，这样的表现也让他荣膺**FMVP**。

杜兰特证明了自己的实力，也证明了勇士队在2016年夏天对他的招募是多么正确。

死神本色
KEVIN DURANT

第3章

终于捧起总冠军奖杯的杜兰特，在勇士队豪掷约合200多万人民币准备的庆功香槟中陶醉了，他意识到这是自己加入联盟以来最幸福的时刻。他打出了漂亮的数据和漂亮的比赛，将球队和个人的荣誉都收入麾下，还战胜了一直以来的前辈、榜样和宿敌詹姆斯。

但随着花车庆祝游行的结束，在休赛期的夏天回到家中的杜兰特看到网上的新闻报道和评论却越来越坐不住了。虽然他是总冠军争夺战中表现最出色的球员，但人们谈论最多的似乎还是顽强的詹姆斯；虽然他是勇士队中表现最出色的球员，但在本赛季夺得FMVP之后，一直被拿来和他比较的库里却更加被人们赞扬。

更多的人认同的说法是：**联盟的头号球星还是詹姆斯，勇士队的核心还是库里。**就连湖人队名宿奥尼尔也暗中表示自己更欣赏库里，并且认为他是最佳射手，从他的比赛中可以看到很多精彩的场面。

网络上持有什么样观点的人都有，球星通常是没有太多的时间去和球迷互动的，既因为这不被自己的公关团队允许，也因为他们真的有很多其他找乐子的渠道。

但杜兰特不一样，他非常享受在网上和球迷直接交流的形式，甚至经常在忙里偷闲时和网友掀起骂战。他会在社交媒体上表达自己的观点，甚至因为在线时间过长受到过平台的警告。他认为，在虚拟的世界里，自己能活得更真实。"我用社交媒体和许多人联系，"杜兰特说，"我觉得所有人都在这里，如果没有这个平台，我可能接触不到这些人。"

当然，这些人里有他的支持者，也有反对者。对于网友的种种批评，作为公众人物，杜兰特总是会毫不犹豫地"怼"回去。在这个过程中也发生了很多很有趣的事情，比如，杜兰特给他的一位"黑粉"送去了自己的签名球鞋；还比如，杜兰特曾表示和"黑粉"们来回交锋的过程非常有趣，他享受这种棋逢对手的快感。

但糟糕又让人非常尴尬的一件事是，杜兰特还是个娴熟的"**键盘侠**"，他甚至还和普通网友一样爱好"披皮"，拥有为自己发言的"小号"。

2017年9月，杜兰特通过推特回答球迷提问，当有粉丝问他为什么离开雷霆队时，杜兰特原本的计划是使用"小号"，扮演第三方的角色，在推特上为自己辩护，但他在操作时忘记切换账号，结果回复的信息都在主账号上显示了，让大家看到了杜兰特对于雷霆队的真实想法。

"想象一下，你把威斯布鲁克从阵容中拿掉，再看看雷霆队有多么糟糕，杜兰特无法和这些阿猫阿狗一起夺冠。"杜兰特当时写道。

杜兰特还坦言，自己就是不喜欢雷霆队，还点名了时任球队主帅多诺万。"他就是不喜欢这支球队，或者不愿意为多诺万打球，那套阵容不行，只有他和威斯布鲁克。"杜兰特写道。

没多久，他就秒删了这些回复，也没有做出解释。但手疾眼快的网友迅速截屏，杜兰特的所作所为立刻变成了不容辩驳的"呈堂证供"。大家第一次了解了杜兰特本人关于离开雷霆队的真实想法，"吃瓜群众"真的非常震惊。原来杜兰特对雷霆队竟然有这么多不满，原来对管理层、教练组、队友他都有这么多意见，难怪他宁愿投奔对手也要离开。

如果杜兰特不去理会这些批评，关于他离队的负面影响会慢慢消失——人都是善忘的，仇恨会随着时间淡化。没想到，正是他自己一次次在网上撕开雷霆队球迷的旧伤口，反而让人对他当年的事难以释怀。

不久之后，在参加一个活动时，杜兰特亲口承认自己忘记切换"小号"，并对于这样在推特上攻击前队友、教练的做法表示了歉意。对于自己的行为，杜兰特表示："我在Instagram（一款社交应用）也有另一个账号，那个账号是我用来和家人、朋友沟通联系的，所以我没有用这个账号来回击任何人。"

"我喜欢用推特与粉丝进行互动，我认为这是一个与球迷沟通的很好的方式，但我之前的做法有些过了。当涉及有关我深爱的篮球的话题时，我时常会有些失态，但我并不后悔这么做，或者说我并不后悔与球迷进行互动，我后悔的是提到了前东家和前教练的名字，这很幼稚，也很愚蠢。"

"对此我感到很抱歉。我不会停止与球迷互动，因为我真的很享受这种互动，就像我说的，这是和球迷沟通的良好方式。但我现在应该减少一些互

动，把注意力重新放到篮球上，我不会在这件事情上继续浪费时间。昨天我在处理这件事情时遇到了很多困难，我对于自己感到很生气，我希望能够忘记这件事情，继续打好我的篮球。"杜兰特说道。

不管怎么说，2017年夏天杜兰特与球迷在推特上互掉的行为堪称一部电影大片，而杜兰特就是这部大片的男主角及导演。按照杜兰特的说法，这部大片似乎将要结束，他又要将他的注意力放回篮球比赛中去了。

如果说场下的杜兰特在网上的所作所为过于接地气，那他在现实生活中投入公益和社区活动时，又充分显示了他作为"好人杜兰特"的一面。

杜兰特身边总会有很多争议的声音，虽然他在2016年夏天的决定被很多人质疑、诟病，甚至给他招来了很多"黑粉"，但是，人们对他的指责主要集中在巅峰期的抱团儿和所谓的"投敌"。因为舆论不断发散，很多球迷也开始指责他的人品。但他在NBA取得的成就，以及在场外的慈善捐赠行为，则完全没的"黑"。

早在2011年NBA停摆时，杜兰特就在俄克拉荷马城组织过慈善赛，用自己的名气帮慈善赛筹集了不少善款。2013年5月，俄克拉荷马城遭遇5级飓风灾害，杜兰特为遭受飓风侵袭的受害者捐赠了100万美元。红十字会区域总裁贝拉表示："杜兰特在我们急需要资金时捐款，支持俄克拉荷马城，我们永远会感激他的慷慨解囊。"

当时，杜兰特所做的可不仅仅是捐款，灾后他跑到了灾区去慰问灾民，给他们带去了希望。杜兰特还找到了自己的运动装备赞助商耐克寻求帮助，耐克捐出了价值100万美元的产品给灾区，包括杜兰特的签名鞋。

杜兰特自己出身寒微，所以特别能体会到低收入家庭的孩子多么需要帮助。在杜兰特的慈善事业中，有很大一部分善款都用在了助学上，小时候过了太多苦日子的杜兰特并不希望下一代再经历像他小时候一样悲惨的岁月，所以他想尽全力改善穷孩子的生活。

当年，在MVP演讲中，杜兰特说过他儿时的人生有多悲惨，他和他的哥哥、妈妈要不停地搬家，他们不知道自己的下一个落脚点在哪里，也不知道下一顿能不能吃饱。杜兰特一直说，对他而言，帮助那些穷苦的孩子非常重要。在当时谈到这些被帮助的孩子时，杜兰特表示："这里的孩子并不知道周围发生着什么，他们的脸上总是带着笑容，希望我可以提供一些帮助，我想为他们提供更多的幸福感。"

在俄克拉荷马城时，杜兰特参加了一个为低收入地区的学校提供帮助的项目，此次他的基金会已经连续多年为无家可归的孩子提供帮助，向俄克拉荷马城的学校捐赠书籍和教育用品更是家常便饭。哪怕已经离开了雷霆队，他也从来没有忘记俄克拉荷马城，他对这座城市学校的捐赠一直在继续。可以说，对于俄克拉荷马城的慈善事业，他始终初心未改。

在湾区，杜兰特曾承诺负担几个学生大学第一年的学费。他没有忘本，能够从一个穷小子变成现在的亿万富豪，杜兰特很感谢篮球，儿时的篮球场是他的避风港，后来篮球则帮他改变了人生，他希望有更多的人通过篮球改变自己的命运。

在母校得克萨斯大学，他为男、女篮球队翻新更衣室和训练场，还资助学校开设体育领导与创新项目。在世界各地，他建造、翻新球馆，选择的地方不仅有他生活过的俄克拉荷马城、旧金山，还有德国的柏林，中国的广州、台北，印度的新德里等。

2018年，杜兰特跟College Track项目（通过提供辅导服务和奖学金，帮助贫困家庭的学生进入大学并顺利毕业）合作，在他的家乡马里兰州乔治王子郡建造了"杜兰特中心"。这个课外中心可以为当地学生提供各种学术、经济和社会情感资源，以帮助他们上大学和谋求职业发展。

同年，杜兰特入选了全球最具影响力百大人物榜单，在对杜兰特的介绍推荐中，苹果公司高层埃迪·库伊重点提到了杜兰特在慈善事业中的表现。**也是在这一年，杜兰特拿到了ESPN年度人道主义奖、NBA社区关怀奖。**

杜兰特在场外的慈善行为为他带来了很好的社会形象，甚至也改变了一些NBA球员对他的看法。此前卡梅隆·安东尼和杜兰特之间关系不睦，但后来

杜兰特频繁投入慈善的行为让安东尼对他的认识大为改观，安东尼在采访的时候表示，自己为杜兰特做的事情感到骄傲。

"能够在NBA打球是我的荣幸，我希望可以利用自己得到的关注来改变孩子们的生活。"在"杜兰特慈善基金会"建立时，杜兰特曾这样说。如今，杜兰特做到了。

你看，这就是杜兰特最真实的样子。

作为一个超级巨星，他身家以亿元计算，却不太会为了豪车等奢侈品一掷千金。但涉及救灾、助学类的社会公益项目，他就会慷慨解囊、不计回报。

但他的另一面又太像我们每一个普通人，他会和比赛对手对喷垃圾话，锱铢必较地和网友争论，还免不了为了赢得辩论而使用"小号"反击，被大家知道后干脆不再收敛，更加放飞自我。

他既敏感，又特别能共情，你可以对他的行为、决定感到不屑、不爽或者不满，但不能因此否定他的一切，因为他只是一个非模板化的英雄。

PART

KEVIN
(5)
DURANT

光影交错

暗流涌动
KEVIN DURANT

第1章

联盟里有句流行语："和超级巨星在一起工作总是会有好运。"这句话说得一点儿也不错，不过，这可能是对除了头牌球星之外的角色球员而言的。

2017—2018赛季总决赛，金州勇士队以4：0的总分横扫骑士队，杜兰特第二次当选FMVP时，曾经有人问他如何看待自己在球队中扮演的角色——通常情况下，他并不是头号控球手，而是在任何时刻都被赋予得分重任的尖兵。在金州勇士队，杜兰特只需要把球权交给库里或格林，自己专心得分就行了。在总决赛中，队友肖恩·利文斯顿也说过，杜兰特就是勇士队的拉里·伯德——没有人能否认他的伟大。

在这支勇士队的体系中，教练给予杜兰特的任务就是得分，而其他球员（包括库里）都是为他服务的。科尔教练坚信，杜兰特能够用自己的方式投中每一个球。

对于杜兰特这个等级的球员来说，没有什么事情是做不到的。在这个得分范围越来越大、比赛节奏越来越快的联盟中，很少有球员能做到长时间在攻防两端面面俱到。杜兰特的得分能力太过出众，以至于很多人都忽略了他的另一面——多位置防守、外线的压迫、充分利用长臂的抢断和转换进攻中的接应。

想要保持体能并不是杜兰特选择让出球权的唯一原因，他之所以这样做，还因为这对球队的进攻更有利。当世界上最好的无球攻击手站在外线等待传球时，谁也不敢掉以轻心。这本身就是一种天赋，一旦对手有那么一瞬间忽略了杜兰特的存在，他们就将为此付出惨重的代价。

我们经常会说，超级巨星能让队友变得更好，因为他们能吸引防守，为能力不那么强的球员制造空间，但两位或多位超级巨星同在场上时，则往往会产生"负效果"。可杜兰特不是这样的球员，他能让自己身边的超级球星变得更好——用科尔的话说，杜兰特能和任何人一起比赛。

虽说杜兰特在加入勇士队的第一年便助力球队取得总冠军，但是刚加盟勇士队的他，毕竟还需要熟悉环境。2018年的杜兰特真正将"死神"的魄力发挥到了极致。与队友经历一年的磨合过后，杜兰特的战术地位得到了大幅提升，其常规赛使用率从2016—2017赛季的27.8%上升至2017—2018赛季的30.4%，这使得饱受包夹之苦的库里进攻压力得以减轻。**投篮命中率高达51.6%的杜兰特，场均可以贡献26.4分、6.8个篮板、5.4次助攻。**

而杜兰特在防守端也是不留余力，**场均能取得0.7次抢断、1.8次盖帽**，这样的数据也对得起他中锋一般的身高。相比于数据，更重要的是杜兰特的存在解放了库里，使后者不用像2015—2016赛季一样，顶着多人防守强行投进三分球。在杜兰特的威胁之下，防守队员不敢轻易包夹库里，如果执意为之，杜兰特的空位三分球会给予他们最沉重的打击。

杜兰特加盟勇士队前，在防守压力不是那么大的常规赛，库里能将三分球玩儿得风生水起。然而进入季后赛，巨大的防守压力往往使库里无法像常规赛一般自如，从而导致库里在季后赛的比赛中时常"隐身"。由于身体素质的差距，库里在陷入硬仗时不够"顶"，如果找不到手感，便很难将球队带出困境。

而这一切，在杜兰特到来后迎刃而解。杜兰特的身体天赋与技术特点让他看起来就像是一台得分机器，几乎没人能够完全地限制住杜兰特。当球队打不开局面时，只需要将球交给杜兰特，他就能把分数追回来。而在2017—2018赛季的季后赛中，杜兰特便将这一点做到了极致。

进入季后赛之后，随着防守压力的增加，库里无法轻易地找到三分球空档，导致他的命中率由常规赛的49.5%下滑至45.1%。然而此时的杜兰特仍然保持高效的进攻水准，投篮命中率高达48.7%，成为勇士队最稳定的得分点。与此同时，杜兰特的数据更是上涨至场均29.0分、7.8个篮板、4.7次助攻，完全**制霸了攻守两端。**

2017—2018赛季，勇士队与骑士队连续4年在总决赛会师，而就在上个赛季，骑士队刚被杜兰特"收割"了一次，此番再次相遇，骑士队想必会带着怒火，成为勇士队夺冠路上最大的障碍。

然而，事实并非如此。2017—2018赛季总决赛的骑士队，好像比上一年更不堪，勇士队仅用4场比赛就带走胜利，杜兰特在同样的位置梅开二度，再次上演"**死神降临**"，最终零封骑士队。

在整个总决赛中，杜兰特场均能够拿到28.8分、10.8个篮板、7.5次助攻，数据仅次于詹姆斯的场均34.0分、8.5个篮板、10次助攻。虽然詹姆斯数据排行第一，但欧文走后，没人能替他分担压力，面对"海啸三兄弟"的冲击，詹姆斯独木难支。尤其是面对杜兰特高达52.6%的投篮命中率以及40.9%的三分球命中率时，他更显无力。

说实话，当时的这支骑士队给勇士队带来的压迫感甚至不如马刺队。这并不是说詹姆斯不强，只能说当年的骑士从阵容太弱，而纳入了杜兰特组成王朝的勇士队达到了"变态"的水准。杜兰特在本次总决赛中拿到生涯的第二个总冠军，以及第二个FMVP。好像从此刻开始，杜兰特已正式走向联盟第一小前锋的王座。

其实，相比于夺冠之路的平坦，勇士队内部的氛围并不轻松。在2017—2018赛季开始前，球队面对的就是一个要"爆炸"的薪资表。球队基石、勇士队复兴的最大功臣库里在这个休赛期拿到了一份五年2.01亿美元的顶薪合

同，但球队却面临着因薪资不足无法续约夺冠班底球员的问题。就在这时，杜兰特主动提出了降薪，让球队成功续约了伊戈达拉和利文斯顿。

除此之外，勇士队还用剩下的钱签下了尼克·杨。杜兰特之所以这么做，是因为已经做好了终老金州的准备，但其他人可不这么想。至少在格林看来，第二年在金州生活和打球的杜兰特，因为付出更多，所以想要收获的也更多，这反而让他没有那么开心了。

格林在脱口秀节目《体育名人秀》（*The Shop*）中说出了当时勇士队存在的矛盾："在2017年，我们夺冠之后真的爽爆了，我们拿到了冠军，杜兰特拿到了FMVP，我认为他在总决赛上的表现超越了詹姆斯，那个时候的杜兰特已经是最强球员。但是，当第二天打开电视时，我发现所有的头条还是关于詹姆斯的，所有媒体都在讨论詹姆斯是否还是世界上最强的球员，而且那些评论员都认为詹姆斯仍是最强球员。就在那个时候，我觉得杜兰特变了。"

"他不再像之前那样强调，让库里做自己，让克莱做自己，突然之间他开始抱怨了：库里为什么会投这个球，为什么不传球？为什么克莱要投这个球，为什么他不传球？"格林说道，"我当时在那儿说，库里和克莱一直都是这样，这和之前的打法没有变化，我了解他们俩。他们绝对没有看不起你、不给你传球的意思，因为他们有时候眼里只有篮筐，可大多数的得分手都是这样。我从刚进联盟时就和他们一起打球，他们可不是那样的人。"

"当时我在想，我们以前一直都是这么打球的，而且打得很好，库里是个好人。为什么杜兰特现在要抱怨这些？所以我就站出来说了句公道话，尽管有些得罪人，但我就是要说出我心中的想法，随后他就不高兴了，这就是事情的经过。"格林继续说道。

而且，在常规赛的初期，勇士队并没有展现出上届冠军球队的实力，连续的输球让其矛盾不断，脾气火暴的格林更是在更衣室大发雷霆，而此时的他并没有将矛头指向任何人，但敏感的杜兰特却认为一切都是自己的问题。好在勇士队及时调整状态，库里也在经历过伤病困扰后顺利带领球队挺进季后赛。

以两个4∶1兵不血刃地淘汰了马刺队和鹈鹕队之后，在接下来的西部决

赛中，勇士队遭遇到靠着"魔球理论"迅速崛起的强大对手火箭队。在两队的系列赛较量中，火箭队的进攻浪潮一度将勇士队吞没，给勇士队制造了极大的麻烦，以至于在第二场比赛后，格林的母亲在社交媒体上公开指责杜兰特单打过多，认为这是勇士队输球的重要原因。

　　毕竟是队友的母亲，杜兰特不能撕破脸面，所以选择了忍耐。2018年5月29日，勇士队在客场以101：92、大比分4：3战胜火箭队，打败巅峰期的哈登，再度挺进总决赛。杜兰特在对阵火箭队的西部决赛中共计得到213分，创下NBA西部决赛历史得分纪录。

　　后来淘汰骑士队的过程格外轻松，4：0横扫就是当时两队实力的鲜明写照。但当杜兰特又一次捧起总冠军和FMVP奖杯时，他还是没能赢得球迷和舆论的充分认可。**此时的他终于醒悟，无论自己多强大，对于勇士队而言，也只能是个外人。**

祸起萧墙

KEVIN DURANT

第2章

当勇士队在四年之内三夺总冠军之后，联盟中就流传着这样一种说法——只有他们自己能毁灭自己。其实在球队2017—2018赛季蝉联总冠军之后，球队总经理迈尔斯就表示，当时大家的感觉就像是说"我们做了分内之事，还可以的"，但无论是杜兰特还是球队其他人，都没有那么快乐。

在2018—2019赛季开始前的几个月，杜兰特离开了大多数勇士队球员居住的湾区东部，搬到了旧金山。在球队前往客场的旅途中，他会在队友打牌时自己坐在一边，甚至戴上耳机听音乐。在他心中，自己这么做没什么问题。

"有时候，人们会说我看起来不开心，我觉得不是那样。你每天都会见到克莱吗？其他人总是面带笑容吗？"杜兰特说，"我只是以自己的风格和团队建立联系罢了。"

"我们都有各自的生活，都有自己的家庭，"他补充道，"湾区很大，我们住的地方离得很远，但我们每天都能在球队见面，为什么还要在私下聚会呢？当然，有些队友会聚会，但那不是我喜欢的生活方式。"

很难说杜兰特是被其他球员孤立的，还是他主动选择让自己与他人保持距离，并慢慢从勇士队中抽离的。早在2017—2018赛季，杜兰特想去纽约的消息就开始在奥克兰蔓延，而且他也并没有表现出对勇士队和奥克兰的绝对忠诚，对此没有明确表态，这给勇士队造成了一定的危机感。事实上，他的第一份合同附加了球员选项，也就是说他能在第二年离开球队，而此后两次续约时签下的也都不是长期合同，这就给了媒体猜测的空间。在他的队友看来，这是吊着球队的一招。

于是，在种种保留和猜忌中，新的赛季开始了。

强大的勇士队开局不利，发生的第一件令勇士队慌乱的事情就是库里的脚伤。自从2013年开始，库里差不多每个赛季都要遭受几次小伤病，但是球队从来都没像本赛季这样表现低迷。究其原因，就是在关键的时刻，球队的先发阵容中最重要的两位——杜兰特和格林——居然会爆发如此激烈的矛盾。

2018年11月，在勇士队输给快船队的比赛中，格林在常规时间的最后一次进攻中选择自己持球进攻，没有把球传给一直在要球的杜兰特，结果他在进

攻中发生了失误，把球运到了自己脚上，这让杜兰特大为不满，在回到替补席之后不停地抱怨。

　　杜兰特的指责招致了格林的严重不满，他对着杜兰特大骂，吐出了无数侮辱性字眼，在主教练科尔布置战术的时候，格林还不想放过杜兰特，甚至几次触及了杜兰特和勇士队管理层的底线，扬言让杜兰特在明年夏天成为自由球员后离开勇士队，甚至声称："**在你到来之前，我们就已经是总冠军了。**"

　　每个人都知道杜兰特在加盟勇士队之后承受了多大的心理压力，调侃他的球迷都把他的行为称作"**打不过就加入他们**"，而这一切的源头正是格林。他在招募杜兰特的过程中不遗余力，但在连续夺得总冠军后却把这位FMVP说得不值一提，这对敏感的杜兰特来说是绝对无法忍受的。

　　格林的行为触犯了勇士队的底线，球队本来就在为格林、汤普森和杜兰特的续约问题心烦，而其中两个人居然爆发了如此激烈的矛盾，这无疑会使这一个问题更难解决。

　　由于受伤，库里并没有跟随球队去洛杉矶，如果他在场，情况很可能会不一样。库里永远不会和队友在球场上发生争执，他更了解格林的性格，而且他也不会像杜兰特那么任性，格林也会心甘情愿地把关键时刻的进攻机会交到他手里。

对于库里来说，"选边站"绝不是一个好的处理方式，他要做的是努力化解矛盾。为了平息争端，他对外公开发声说"我们依然是兄弟"，可事实就摆在面前，谁也不会相信这种说法。最糟糕的是，在格林和杜兰特心中，暗流已经在涌动，即便在本赛季剩余的时间里他们还能共同为了总冠军努力拼搏，但到赛季结束之时，谁也无法确定格林的大嘴巴里还会抛出什么样的言论。

对于这次的争端，主教练科尔并没有站出来为格林说话（之前有传言说他和格林不和）。其他球员也选择沉默不语，因为他们知道，这是一个无法调和的矛盾，如果说矛盾爆发前的勇士队在人们眼中是一群梦想着创造王朝的热血青年，这次矛盾则让他们成为一批为利益聚在一起打球的职业球员——这和历史上其他球队并无二致。如果是这样，那么管理层就必须做出选择了。

没有人能预知未来，但对于本赛季的勇士队来说，不能获得三连冠就是失败。管理层和教练组不会因为这件事情过多地指责格林，因为他们并没有合适的替代者，所谓的停赛处罚也只是为了稳定军心。

科尔教练非常擅长做思想工作，他懂得如何让这些难伺候的大牌球星和谐相处。而且从这次事件来看，勇士队的真正老大还是库里，只要他出面调停，杜兰特和格林最起码会在表面上握手言和——毕竟说到底，NBA只是一项生意，合格的球员应该明白在什么时候可以任性点儿，在什么时候要冷静。

每一个球员都想完成三连冠的壮举，因为完成了三连冠，球队才能被称为"王朝"，杜兰特更是如此。但是，与库里不同，虽然杜兰特给勇士队带来了总冠军，但在勇士队众人眼里，他仍然只是一个外来者，所以格林能在与杜兰特的冲突之中公然叫嚣：杜兰特来勇士队是为了抱大腿。这种话出自他人之口大可不用在意，但出于队友之口，则伤透了杜兰特的心，而勇士队管理层在这件事中的不作为，更是让杜兰特心寒。

尽管如此，杜兰特仍然没有放弃自己的球队，仍然为了球队拼尽全力。

常规赛中，杜兰特场均贡献32.3分、4.9个篮板、4.5次助攻，使用率高达29.0%，而来到季后赛，杜兰特的使用率更是上涨至32.9%，极高的使用率，为杜兰特的大伤埋下了伏笔。在与火箭队的比赛中，杜兰特突然倒下，右小腿拉伤，导致他缺席了之后的比赛。

勇士队在总决赛中的对手是猛龙队。总决赛是属于英雄的舞台，2018—2019赛季的总决赛本应是伦纳德和"海啸三兄弟"的对决，但当猛龙队在自己的主场开启荣耀征程的时候，勇士队的剧本却开始走向了支线——杜兰特的受伤让勇士队自断一臂，伦纳德和"水花兄弟"的作用相互抵消。

虽然在系列赛开始的两场比赛中两队总比分战成1：1，看起来势均力敌，但勇士队暴露的问题却更多，这个赛季球队因伤病损失惨重：库里在赛后被曝出生病的消息，汤普森因为腿筋拉伤提前退场，伊戈达拉头部受伤，凯文·鲁尼锁骨受伤。这些伤病让勇士队的卫冕之路充满荆棘——最重要的是，杜兰特归期未定，球队失去了一个在攻防两端最有力的球员。

勇士队的球迷最担心的就是汤普森能否在之后的比赛中出战，毕竟，杜兰特的缺席已经对勇士队造成了巨大影响，如果汤普森再无法出场，勇士队的进攻体系将会受到极大影响。虽然科尔表示汤普森说自己没事，但他也必须承认，自己对于球队的命运有点儿担忧。

人们关心的另一个问题，就是杜兰特何时能重返赛场。**自从2019年5月9日在西部半决赛第五场受伤之后，杜兰特已经将近一个月没有出场了。**考虑到他在之前的季后赛中拿到的场均34.2分的成绩，这次意外缺席对勇士队来说影响巨大。虽然球队在没有他的情况下轻松战胜了火箭队，还在西部决赛中横扫了开拓者队，但到了总决赛这种最考验硬实力的赛场上，联盟第一得分手的缺席不但让勇士队自己的火力下降，也让猛龙队的防守端少了一个难题。球队迫切需要杜兰特的回归。

总决赛第四场输球后，勇士队以总分1：3落后，球队站在了悬崖边上。这个危急时刻，促使伤病并未痊愈的杜兰特回到了赛场。没人清楚杜兰特回归的真正原因，但他回归必然和追逐三连冠、抓住创造历史的机会有直接的关系。也许外界的风言风语和铺天盖地的负面言论也对杜兰特有所影响，但最后促使杜兰特下定决心出战的，根本上还是他对于创造历史的热忱，以及他骨子里那股竞技意识的呼唤。

站在悬崖边的第五战是杜兰特时隔一个多月重返赛场后的第一场比赛，这既令人兴奋，也令人感到揪心——每个人都知道杜兰特回归的原因：他的身体状态肯定没有完全恢复，但为了球队的胜利，他必须挺身而出，冒着伤势加重的风险背水一战。

科尔在比赛中再次排出了"死亡五小"，虽然杜兰特在12分钟的出场时间里三分球3投3中，还凭借罚球得到了2分，但明眼人都看得出来，他的出手都是接队友传球后完成的，他并没有尝试持球进攻。而当他想要持球单打伊巴卡的时候，人们最担心的事情终于发生了——杜兰特在变向后丢掉了球权，然后沮丧地坐在地上，捂着自己的左脚脚踝，那是跟腱的位置。

杜兰特"勇士队时代"的最后一场比赛结束于2019年6月11日，总决赛第五场，加拿大航线球馆。

在走向更衣室时，杜兰特朝天空骂出的那句粗口让人体会到了他心中的不甘。伊戈达拉搀扶着他走出球场，库里随后跑了过来，他搂着杜兰特，在他耳边说了一句什么，我们虽然无法得知，但相信那是他对队友的承诺，承诺他们一定会拿到比赛的胜利。

这是一场经典的胜利，但也是一次令人扼腕的惨胜。

虽然在杜兰特受伤之后，外界传言一直甚嚣尘上，很多人都质疑他为何不能像其他伟大的球员那样强忍伤痛出战，非要让球队陷入绝境，但在那场比赛过后，没人会再质疑杜兰特的取胜之心，而当伊戈达拉和库里陪伴他回到更衣室的时候，人们也明白了一件事情：虽然杜半特看起来一直有点儿格格不入，但勇士队从没有对他感到不满。

在与詹姆斯多年缠斗无果、换队到西海岸的旧金山之后，杜兰特的时代终于到来了——在2017—2019年的奥克兰。尽管这三年中，杜兰特的表现让人挑不出毛病，但他还是没能赢得所有队友的尊重。他的许多批评者都会同意格林的说法："没有勇士队，杜兰特绝对拿不到总冠军。"但别忘了，在杜兰特到来之前，勇士队是如何被骑士队逆转的。更何况，他为这支球队付出了篮球运动员最重要的东西——跟腱。

在过去的篮球场上，跟腱受伤等同于宣告一名球员职业生涯巅峰的终结，对杜兰特这样的技术型得分手来说更是如此。更何况，他的受伤情况比普通的跟腱断裂更严重。在受伤之前，杜兰特是詹姆斯之后的又一位巨星，是有望打破贾巴尔得分纪录的超级得分手。而这次的受伤意味着，他已经退出了这一竞争者的行列。

回顾这三年，一直让杜兰特愤愤不平的言论是他好像是搭便车蹭到了两个总冠军一样。"勇士队夺冠之后，很多人认为既然球队有能力取得总冠军，那么在2017年和2018年，如果把我换成其他人，勇士队也能轻松拿下那两个总冠军。"杜兰特说："我心里在想为什么，为什么你要把我从那支勇士队里换掉？听到这种言论有点儿烦，因为我只是想好好打球而已。"

"并且我喜欢那些家伙，我跟他们并肩作战过，我是他们延续至今的'王朝'的一部分，我有一种骄傲感，因为我是特殊成就的一分子。"

而对于忠诚于球队的话题，多年之后，杜兰特依然认为当初媒体对他的报道是不公平的。"我认为我应该得到更多的尊重，我来到这里，牺牲了我的名誉、牺牲了我的身体，我只是想成为最好的自己。"他说，"我不想整天都被自由球员的概念困扰，我认为这对我和球队都不公平，在我看来，以这个问题纠缠我，是不专业的行为。"

而在杜兰特伤退之后，勇士队在第六场比赛中噩运再度降临，库里身边最得力的助手汤普森在连续得分后，突遭十字韧带撕裂的重大打击。追逐三连冠的梦想就此破灭，所有事情阴差阳错地交汇在一起，构成了一个伤心又悲壮的故事。

故事的最后，勇士队输了，杜兰特走了。他们最开始一定没有想到，双方之间的缘分最后以一条断裂的跟腱结束。

我的球队
KEVIN DURANT

第3章

从篮球的角度来说，即便杜兰特在雷霆队获得了若干个得分王和MVP，在勇士队获得了两个总冠军和FMVP，这一切也只是被环境和球队选择与决定的。

他因为选秀来到了雷霆队的前身超音速队，从西雅图辗转到了俄克拉荷马城，在总经理普雷斯蒂的运作下，拥有了威斯布鲁克、哈登这样的"未来之星"队友，经历了从卡莱西莫、布鲁克斯到多诺万，三位不同风格的教练。这一切，都是被安排的。

虽然杜兰特在2016年的休赛期第一次用主动出走、加盟勇士队这样的方式去追寻总冠军，但是他加盟的是一个有固定班底和已经证明过自己技战术优势的球队。他的加入，除了给勇士队进行锦上添花的补强，还带有"空降"性质，因此必然需要适应对方的刚性要求。

因为杜兰特强大的个人能力，"适应"好像变得理所当然又顺理成章，但其实对他自己来说，"自带干粮入伙"，永远是他心中的一根刺。毕竟，强大如勇士队，在他来之前，已经是实打实的联盟总冠军了。

因此，杜兰特执着于自我证明，这也说明他认为自己对篮球的理解、自己的技术，值得所有人的认可，甚至尊敬。这就像化学配平公式一样，如果我付出了一定的努力，你们就得给我这些回报。

曾经，他以为被认可的筹码是得分王、MVP，后来，他觉得是总冠军的头衔、FMVP，但得到了这些之后，他似乎还是没有完全得到他想要的认可。**这样的发现，让他在沮丧的同时，也在谋划着一个新的目标——自己建队。**

他期待着用这样的方法告诉大家：我行、我能、我可以！他也踏入了詹姆斯曾经踏入过的一条河流。

但不同于詹姆斯，杜兰特没有自己的商业帝国，也并不那么精通人情世故。有人评价说，杜兰特只是一个最会打球的普通人，为了篮球，他可以背负叛徒之名，也能为勇士队赌上自己的职业生涯。然而，到头来他却发现，勇士队并非如他想象的一般能接纳他、包容他，于是他走了。

那么，现在摆在他眼前的首个问题是，如果他是这个新队伍的话事人，那么杜兰特的"好兄弟"得有谁？

欧文是一个选项，他可以算是杜兰特在联盟为数不多的好友之一，两个人的个性都有一点儿古怪。欧文欣赏杜兰特的比赛，更欣赏他的谦虚，据欧文说，他在杜克大学上大一的时候就开始关注杜兰特了。

2016年是欧文进入NBA的第六年，他在那一年和杜兰特成为美国国家队的队友，在里约热内卢奥运会期间，他们两人和德安德烈·乔丹建立了深厚的友谊。他们私下商定，未来要在同一支球队打球。

2019年，这个计划被提上日程，当时在NBA的全明星赛，欧文和杜兰特相谈甚欢，不知道他们是不是从那时起就达成了共识：要在2019年夏天到同一支球队效力。

虽然一直以来，纽约和欧文、杜兰特之间的传闻都受人关注，但这些消息都是关于另一支球队——尼克斯队的。专家们有理有据地声称，欧文来自新泽西，多年以来他都想回到家乡打球，而杜兰特一直和尼克斯队过从甚密，他的商业办公地点也在纽约市。

很显然，杜兰特在2018—2019赛季总决赛中的二次受伤影响了尼克斯队的计划。有消息称，尼克斯队拒绝为他提供一份为期四年的顶薪合同，这也产生了令杜兰特无法承受的连锁反应。杜兰特觉得自己不被对方尊重，这也影响了欧文的决定，所以当篮网队"见缝插针"地签下杜兰特和欧文时，尼克斯队并没有像人们预料的那样产生太过激烈的情绪。

毕竟杜兰特的恢复情况就像一个谁也不能打包票的盲盒。当他能够重返赛场时已经32岁了，尽管跟腱伤病不会完全摧毁他的职业生涯，但他要想从这种伤病中完全恢复却是难上加难。历史上遭遇重大跟腱伤病的知名球星，在恢复后通常状态起伏不定，敢于买回"废人"杜兰特并等待一年、让他好好养伤的篮网队，赌的是杜兰特的情况和他们都不一样。篮网队认为，杜兰特的优势除了惊人的突破和扣篮之外，还有百步穿杨的投篮，这能让他延续自己的统治力，在回归之后重新成为联盟最好的得分手。

这样的坚定让篮网队在交易日一开启，就击败了强大的对手。2019年7

月，杜兰特以自由球员的身份和篮网队签约，和他最好的朋友凯里·欧文联手。对于篮网队来说，这是一次重要的转变：球队花了多年时间，终于等到压过尼克斯队、代表纽约征战联盟的最佳时机，同时为自己赢得了更多的重建时间，也赢得了光明的未来。

杜兰特的组队拼图中还有一块，就是他当年在雷霆队的兄弟哈登。他们二人一起在俄克拉荷马城成长为超级球星，并在2012年把雷霆队带进了总决赛，但在哈登被交易到火箭队之后，他们几年都没有联系了。在加入勇士队之后，杜兰特对颠沛流离的感觉深有体会，他迫切希望找回初入联盟时的兄弟情，为自己的再次出发打打气。

2020年的休赛期，杜兰特和哈登这对雷霆队故人在曼巴学院共同训练时，半认真半开玩笑地说，眼下他们似乎正是互相需要的时候，那么两人是否还有再次在一起打球、争夺总冠军的可能呢？显然，他们对此都很期待。

在哈登将加盟篮网队的流言被爆料之后，当时的鹈鹕队球员哈特在社交媒体上这样点评："虽然2019—2020赛季在我这早就结束了，但要是哈登真去

布鲁克林了，那我们就2021—2022赛季再见吧，因为2020—2021赛季篮网队肯定拿下了。"

在杜兰特的推动下，交易日截止前，篮网队向火箭队首先提供了交换哈登的报价：丁威迪、勒维尔、阿伦、普林斯和选秀权。这份报价在当时看起来十分优厚，杜兰特和哈登笃定这笔交易能够达成，但是火箭队却狮子大开口，索要杜兰特和欧文其中的一人，最终造成了交易的搁浅。

心灰意冷的哈登对火箭队开始采取"非暴力不合作"的态度，目的就是表明自己想离开的坚决态度，向火箭队管理层施压。

2021年1月，在三天内连续两次大比分输给夺冠大热门湖人队后，哈登在记者发布会上说，他觉得他一直爱休斯敦这座城市，他在休斯敦这八九年的时间里已经付出了所有，但是如今情况变得非常糟糕，火箭队和顶级强队之间确实存在着明显的差距，这已经无法改变。

在这样一番话后，所有人都明白了，哈登已经不想为火箭队打球了。认识到哈登的态度不可逆转的火箭队在24小时之内迅速用一个四方交易送走了哈登，得到了奥拉迪波、埃克萨姆和大量的选秀权，但这些筹码与球队之前和篮网队谈判时相比，已是大幅贬值。

杜兰特、哈登和欧文这三个本不该失意的失意者在布鲁克林重聚了，布鲁克林成了他们重新开始的希望之地。由杜兰特、哈登、欧文组成的阵容，对于对手来说，堪称高级版的雷霆队"三少"。论单打能力，这三位球星都不可阻挡，尤其是杜兰特和哈登，因此从对手的角度来看，到底是该主防哈登还是杜兰特，将会是一个艰难的选择。

人们关心的是，联盟的格局会因为杜兰特的这次组队计划，而重新洗牌吗？

船行何方

一步之遥
KEVIN DURANT

第1章

2019年9月，凯文·杜兰特爬上布鲁克林篮网队训练馆的楼顶，俯瞰着他的新城市。他在这座城市有了一个新家，从窗户往外看，能将世界贸易中心和曼哈顿南部尽收眼底。杜兰特身披篮网队7号球衣出席媒体日活动，在他来到纽约两个月后，第一次有了归属感。

"我认为这是一个新的起点，"他说，"作为一名篮球运动员，能在纽约打球，确实有种别样的骄傲。"

更重要的是，这是他的球队。

在金州勇士队获得总冠军和FMVP之后，杜兰特从理智上知道他已经获得了世俗意义上的极致成功，但狂喜过后的空虚却提醒着他，一切并没有任何不同。"获得总冠军之后，我发现很多事情并没有改变，"杜兰特解释道，"我以为它会填补某种空白，但它并没有。"

杜兰特连续两年获得总冠军、连续两年成为FMVP，但他的批评者却从未噤声。他们始终认为杜兰特加入勇士队是抱大腿、走捷径，这让杜兰特意识到，无论他打得多么出色，他永远都无法像库里、汤普森那些"老金州人"那样得到真正的认可。

杜兰特时常会感觉委屈："我就是觉得我值得更多一点儿的尊重。我来到这里，我做慈善、捐款，我牺牲了自己的名声，每场比赛都拼尽全力，一直努力为球队争取更好的成绩。我的要求并不高，我只希望多得到一点儿尊重，不可以吗？不要全年无休地、一天到晚都在质疑我，怀疑我的诚意和人品，甚至是我的职业精神。"

杜兰特在极为偶然的情况下交到了一个新朋友——埃迪·冈萨雷斯。他有一天在网上冲浪的时候看到了冈萨雷斯分析"杜兰特一定得离开勇士队的三个原因"，其中提到了自由市场可以让球员们选择自己想要的生活方式，而现实世界远比球场复杂。杜兰特顿时生出了一种知己之感，他随后在社交媒体上关注了冈萨雷斯，还邀请对方与自己共同主持播客节目。

杜兰特离开勇士队去寻找"他自己"的球队，他希望跟自己最好的朋友凯里·欧文联手，尽管之后不久就不幸因为脚踝重伤被迫休赛一整年，但他在

2021年年初帮助球队得到了他的前队友詹姆斯·哈登。新的超级球队自此成立，与在勇士队的时候一样，杜兰特再次成为超级球队中最出色的球员。

这一次，他才是这艘"豪华战舰"的船长。

但也存在一个问题：他们三个人都是那种需要大量球权的得分手，他们能共存吗？当他们同时在场的时候，每个人都需要牺牲持球时间和出手次数，得分因此变得更少，这会让他们感到开心吗？还是说，只要能够赢球，他们就已经足够快乐？

2021年1月21日，篮网队的"三巨头"首次亮相。从过程上来看，他们打出了非常珍贵的、无私的篮球，他们的进攻行云流水，欧文和哈登分担了主要的组织任务，而你永远可以相信杜兰特的终结能力。在比赛结束的时候，杜兰特得到38分、欧文37分、哈登21分，三人总得分达到了篮网队135分中的约71%，尽管最终球队还是在双加时中落败，但杜兰特并不失望。

"我感觉很好，很完美，就像是我们注定如此并肩战斗。"杜兰特在赛后的记者会上说，"我喜欢我们现在的样子，我喜欢我们所拥有的友情，以

及教练组与球员之间的高水平沟通，所以我很期待……这将是一次奇妙的旅行。"

球权的问题并不是问题，他们迅速找到了磨合的办法。哈登在加盟大概半个月以后的一天与欧文在训练后聊了聊，然后他们立刻就商量好了在场上的角色。"我感觉他在控球角色上表现得特别好，"欧文说，"我就看着他说，那么你来打控卫，我去打得分后卫。他说好，于是我们就这样决定了。"

在2月14日对阵勇士队的比赛中，杜兰特得到了23分，而哈登和欧文分别得到了19分和23分，篮网队总共6人得分上双。他们在一起的时候简直无可抵挡，所以尽管库里和德雷蒙德·格林已经在奋力抵抗，但"三巨头"还是帮助篮网队取得134：117的大比分胜利。

在某个瞬间，一切都变得非常容易，如杜兰特所说，"很完美"。

但是变故纷至沓来，"三巨头"轮流请假。杜兰特因为新冠肺炎和伤病问题缺席了23场比赛，欧文又因为个人事务请假，然后好不容易等到杜兰特准备复出的时候，哈登又因为相同的伤病进入了观察名单。

到了这个时候，"三巨头"同时上场的比赛只有**8场**，加起来只有**202分钟**，这是个什么概念呢？2019—2020赛季是个"缩水"赛季，但勒布朗·詹姆斯和安东尼·戴维斯在一起打了1455分钟；杜兰特在勇士队的最后一年，跟库里和汤普森在一起打了1442分钟，那还是在他们三个轮番受伤的情况下；至于2016年骑士队、2014年马刺队或者2011年独行侠队，其最好的球员在一起打球的时间可就更长了，而且他们本来就已经是相处多年的老队友。

不过，尽管有着这样那样的困难，三个超级巨星的存在总归是让篮网队在常规赛里如鱼得水。球队最后取得了48胜，只比东部第一的76人队少一个胜场，这让篮网队以**东部二号种子**的身份进入季后赛。

篮网队在首轮轻松淘汰了凯尔特人队，在第二轮遇上的是密尔沃基雄鹿队。雄鹿队是块难啃的硬骨头，扬尼斯·阿德托昆博此时已经在队中打到了第八个年头，他是五届全明星球员，也拿过MVP，除了一座总冠军奖杯，他已经拥有了一切。有时候，他看起来像是还在雷霆队的杜兰特，只不过他在第二次合同到期的时候选择了续约，他和他的球队以及他的城市还有更多的时间去创造辉煌。

杜兰特当然不想成为谁的垫脚石，但命运跟他开了一个巨大的玩笑。系列赛刚开始数秒，哈登只抢了一个防守篮板，正要试图带球冲向雄鹿队的篮筐，但他在一瞬间僵住了，将球传给队友后便痛苦地抓住自己的大腿后侧。篮网队在比赛开始第43秒叫了暂停，哈登走进了更衣室，然后就再也没能回到场上。

他缺席了第二场比赛，然后是接下来的那场，和再接下来的那场。

篮网队似乎又陷入了那种令人绝望的魔咒之中，等哈登好不容易恢复到能上场的程度，欧文又在第四场比赛中脚踝严重受伤，因此缺席了季后赛剩余的比赛。而哈登尽管勉强站上了第五场比赛的赛场，并且打了45分钟，但他这场的命中率实在太低了，全场10投1中，其中三分球8投0中。

杜兰特只能靠他自己，但他奉献了史诗级别的表演，全场贡献49分，还入账17个篮板、10次助攻、3次抢断、2次盖帽。面对雄鹿队一度多达17分的领先优势，他凭借着一己之力将比赛拉回均势，而他在最后一节单节20分的表现如同天神下凡，在这个瞬间，所有杜兰特的球迷都回到了最初爱上他的时刻。

他是历史上首位在季后赛单场得到40+、15+、10+的球员。

更令人惊叹的是，杜兰特全场一分钟没歇，打满了整整48分钟。赛后，杜兰特轻描淡写地提起这个决定："这不是我们原本的打算，但随着比赛的进行，我们落后那么多，我告诉教练（史蒂夫·纳什），如果他想让我下场休息一两分钟也没问题，但我感觉我的体力还行。于是，他就让我继续待在场上了。"他还表扬了詹姆斯·哈登和杰夫·格林的表现，如同每一个出色的球队领袖。

但接下来，他们还是输掉了第六场比赛。

在关键的抢七大战中，哈登又陷入了"打铁"模式，他自从受伤复出以来，状态就一直有问题。他上半场9投2中，幸好下半场6投3中，还有2个三分球入账，才让数据显得不那么难看。

然而杜兰特始终还是杜兰特，在场的所有人都知道，他依然拥有独自改变战局的能力。于是雄鹿队采取了一种非常聪明的策略，或许也是唯一的办法——对杜兰特使用消耗战术。

在第一节的最后，杜兰特连续三次在右路面对朱·霍勒迪的紧密封锁。杜兰特比霍勒迪高差不多20厘米，但霍勒迪全身都是紧梆梆的腱子肉，他紧贴着杜兰特，让杜兰特的得分变得十分困难。结果呢？杜兰特完成了一次杂耍般的离奇投篮，一次跨步上篮，还有一次助攻布鲁斯·布朗得分。但杜兰特在接下来的攻防转换中倒在了地板上，而霍勒迪在无人防守的情况下轻松投中了一个三分球。

雄鹿队中锋布鲁克·洛佩斯在赛后说："简而言之，我们应对篮网队的战术就是让杜兰特必须付出更多的体力，即便他在困难的境地里依然能够得分，但超级巨星终归是人，而人是会累的。我们知道疲倦感会累积，这会在关键时刻帮我们的大忙。"

杜兰特几乎没有露出疲态，只差一点点，他就能凭借纯粹的个人技术打败所有这些战略计谋。当雄鹿队在最后50秒还握有4分优势的时候，杜兰特先是用一记急停跳投命中2分，然后在常规时间结束前1秒踩在三分线上扔进了一个球。

但凡杜兰特的脚往后挪那么半寸，那就将是一次完美的绝杀，篮网队就会晋级，或许球队能等到欧文归来，或许"三巨头"还能在这一年的季后赛里高歌猛进。"但我的大脚竟然踩在了线上，"杜兰特在赛后说，"我知道我差一点儿就能终结这场比赛，我几乎看到了对手在这个赛季的结局。"

但他的脚踩线了，那个球被记作2分，双方进入加时赛。

然后雄鹿队的消耗战术奏效了，累积的疲劳感袭来，又或许是常规时间最后50秒花光了杜兰特所有的运气，在加时赛里，即使强如杜兰特也无法让奇迹再次发生。尽管他打满了全场，常规时间的48分钟，以及加时赛的5分钟，尽管他全场砍下的48分刷新了NBA有史以来的抢七大战单人得分纪录，但他在加时赛中6投0中，哈登2投0中，篮网队只能目送着雄鹿队晋级下一轮，然后晋级总决赛，最终捧起总冠军奖杯。

几个月后，当新赛季的媒体日来临，记者问杜兰特是否还记得他在对阵雄鹿队时的"踩线三分"，杜兰特回应说："这是几乎无法磨灭的记忆，我当然希望没踩线，但你知道，有时候人生就是这样。""那是一个很棒的系列赛，很有趣，我感觉那次比赛的强度赶得上总决赛，因为雄鹿队后来一路向前、赢得了总冠军。"

没有人问，杜兰特也没有说，他是否曾经想过"如果"。

梦醒时分
KEVIN DURANT

第2章

关于篮网队的"三巨头"，我们需要知道的是，这是完全基于球员个人感情和自我意愿组成的"人情局"。

如前文欧文所说，他从大学开始就非常欣赏杜兰特，不仅欣赏他的球技，还有他的谦逊。"他常说的一句话是'刻苦与努力永远比天赋更重要'，我把这句话记在了自己的笔记本上，"欧文说，"当时我可不知道，我们会变得像如今这样亲密。"

在欧文进入联盟6年时，他与杜兰特已经成为形影不离的好友，他们一起去巴哈马群岛旅行，并且在2016年里约热内卢奥运会上彼此发誓要找机会组队同行。这个想法在2019年全明星赛期间再次被提起，而且，在2020年夏天，欧文帮助杜兰特与前队友詹姆斯·哈登重燃友情。

杜兰特和哈登在俄克拉荷马城度过了关键的成长期，在青春无敌的20多岁，带领雷霆队打入了总决赛。在哈登被交易到休斯敦火箭队之后，杜兰特不再跟他说话，除了在全明星赛上点头致意，他们几乎成为陌生人。但欧文给他们牵了个线，于是杜兰特与哈登的关系再度进入"蜜月期"，在惜败给雄鹿队之后，他们一起去希腊度了个假，在那里，哈登向杜兰特做出了郑重承诺：他会续约，会长期留在布鲁克林。

然而不到半年，哈登就反悔了。后来他把自己的行为解释为"**及时止损**"，当记者问他篮网队是否应该做些什么，从而把他留在布鲁克林，他思考了片刻，说："是的，或许有很多，但当时那里是一地鸡毛，也许你们也看出来一些，但有些内部问题我这辈子都不可能说出来，尤其不可能对媒体透露。总而言之，我最终选择做出自己的决定。但你们看，从现在来看，我显然不是不理智的那个人。"

我们当然无从得知全部的真相，但从外界来看，篮网队的混乱有一部分要归咎于欧文。

2021年秋天，纽约市出台了号称"史上最严"的新冠肺炎防疫政策，要求进入任何餐馆或者健身房都必须出示疫苗接种证明，不打疫苗不能进餐馆，而纽约市内任何雇员超过100人的私营企业的员工也都必须接种疫苗才能工作。

　　布鲁克林位于纽约，因此布鲁克林篮网队的球员当然也是纽约市的私营企业员工。而欧文以个人原因拒绝接种疫苗，也因此缺席了赛季的前35场比赛。哈登、纳什、杜兰特都接种了疫苗，他们在每一场新闻发布会和每一次场边采访时都会回答有关欧文缺席的问题。

　　人们都劝欧文说接种疫苗很简单，但他并不想改变自己的信念："并不是我不相信疫苗，也不是我不相信科学或类似的东西，但在那个时候，我有不同的立场和信念。"

　　在欧文缺席的35场比赛里，哈登和杜兰特被迫扛起球队的大梁，他们几乎垄断了每一场比赛的全队得分与助攻头名，得到了将近一半场次的队内篮板王。

　　杜兰特表现出前所未有的冷静，他认真履行着领袖的职责，与欧文时不时通过视频聊天保持联系，让欧文保持对球队的参与感，而欧文会在输掉比赛以后说："如果我跟你们在一起的话，我们肯定能赢。"篮网队主帅纳什表扬了杜兰特的做法："这对我们来说很重要，凯文一直很冷静。"

　　"我知道他很沮丧，"欧文说，"我们谈过这件事。"

　　但哈登根本冷静不起来。他离开十分重视他的休斯敦来到布鲁克林，是为了离开舒适圈、寻求新的突破，毕竟在他们三个人之中，他是唯一没有总冠军戒指的那个人。所以，即使篮网队放开了许可，在2022年初开始允许欧文参加客场比赛，他也依然冷静不起来。杜兰特在一月中旬扭伤了脚踝、再次缺席比赛，而欧文只能作为"兼职球员"有一场没一场地打着，同时篮网队的战绩一路从东部第一名滑到了季后赛边缘，在这样的情况下，哈登简直要发疯了。

　　有传闻说，哈登要求杜兰特做出选择，而在两个朋友之间，杜兰特选择了欧文。

　　"我们在篮球以外的事情上建立了联系，"欧文说，"我们像真正的家人那样彼此关心，谈论了过去和未来，谈论了生活和信念。我有孩子，有一天他也会有孩子，我们在篮球之外还有漫长的人生，我们都得为未来做好准备。"

　　而杜兰特欣赏欧文的真诚："凯里是一个所见即所得的人，他把一切都摆

在面上，从不作伪，这就是他的魅力所在。所有人都能直接看到他的本质，我认为这才是真正的问题所在，大多数人不能接受他原本的样子。"

哈登显然是不接受的，所以当杜兰特伤愈归来时，哈登已经火速结束了在布鲁克林的篇章。杜兰特平淡地接受了这个事实，他承认，他对此无能为力。

"这不是什么个人恩怨，我觉得我们依旧彼此喜欢，"杜兰特说，"但我专注于康复，而他（哈登）专注于球队。当然，我因伤暂离球队，我也无法控制每个人对自己处境的看法。我可以尽我所能，如果它对某人有帮助当然好，如果没有，那也没关系，我也不会因此觉得所有事情都是我的责任。"

几周之后，杜兰特、欧文和哈登再次同场竞技，这一次，哈登站在了对手的位置。开场两分钟，杜兰特用一记暴扣让全场惊艳，他的表现依然雷霆万钧，他激动地向费城的观众宣泄着自己的情绪。杜兰特表示这并不是因为他对哈登有什么个人的意见，只是每个人都说那是一场重头戏，他解释说："我没想到在比赛中会有这样的感觉。我只是……或许灯光和人群容易让我失控。"

与此同时，杜兰特有了一个新爱好，那就是为本·西蒙斯挡住那些尖酸刻薄的批评。西蒙斯是76人队用来交易哈登的棋子之一，他跟杜兰特才当了不到一个月的队友，但已经被视作"我们的兄弟"。杜兰特在互联网上积极反击那些讽刺西蒙斯的人，但在具体的技术指导上，他在很大程度上采取了"不干涉政策"，为西蒙斯提供了他需要的空间。

"当我最初在俄克拉荷马城担任球队领袖的时候，大概是2012或者2013年，我还很年轻，但已经是球队里相对更有经验的人，我开始学习与队友建立良好的关系，给他们提供精神上的指导，并分享我的经验和技术。"杜兰特说，"我只能尽我所能，但我也逐渐明白，我无法控制一切。这就是领导者面临的最困难的问题：**你必须习惯，你无法控制一切。**"

在这个赛季常规赛结束的时候，布鲁克林篮网队的成绩是44胜38负，排在东部第七名，然后在季后赛第一轮，球队就被波士顿凯尔特人队横扫出局。对于杜兰特来说，他并不忧心球队的未来，他虽然已不再是二十多岁的小伙子，但仍然处于职业生涯的黄金期。

在常规赛即将结束的时候，在某场赛后发布会的最后，一个记者问欧文："你们计划在一起打多久？"

在这个问题被提出来的同时，杜兰特那边的新闻发布会刚好结束，于是欧文向他的朋友重复了这个问题："我们想在一起打多久？"

"永远？"记者插话。

杜兰特笑了下，说："我会说，再过22年。"

"我们老了以后也要在洛杉矶的养老院里一起打球，"欧文说，"我们会从现在一直打到我们老去。"

杜兰特说，如果没有欧文，他看不到篮网队的未来。

"我们正在这里创造一些很酷的东西，"杜兰特强调，"尽管欧文今年有很长一段时间不在队里，但他依然是我们这个集体的重要组成部分。老实说，我们经历的这些难关让一切变得更有趣了。"

再赴征途

KEVIN DURANT

第3章

时间快进到2023年，又一年的交易窗口期。按照杜兰特原本的计划，欧文应该跟篮网队签好续约合同才对，他自己已经在2021年与篮网队续约了4年。但篮网队老板蔡崇信对欧文前两年的表现十分不满，球队管理层给欧文开出一份与夺得总冠军挂钩的合同，然后欧文的团队就中止了与篮网队的谈判。2023年2月3日，欧文向球队提出，他希望在交易截止日前离开球队，否则他会在夏天以自由球员身份离开。

杜兰特对欧文申请交易感到惊讶，ESPN报道说，包括杜兰特在内的整个球队都感觉猝不及防。对此，《纽约邮报》评价说：每个关心篮网队的人都有权批评欧文，但最应该生气的人是凯文·杜兰特——他离开了斯蒂芬·库里和勇士队，与欧文一起开始了新的冒险，但欧文回报给他的却是一场彻头彻尾的骗局。"

他们曾在2019年7月1日自由球员市场开放当天的凌晨，准确说是凌晨4点16分，约好了要在布鲁克林开启他们职业生涯的新征程。这支球队甚至是欧文选的——他是在新泽西长大的，篮网队是他从小支持的球队。

"我希望我们能一起走完职业生涯的最后一段，作为一个团队，还有比篮网队更好的地方吗？"这是欧文当时的原话。

但是三年半后，欧文只盼望着逃离纽约，他说他认为自己被纽约媒体不公平对待，因此期待着远离那个城市和所有的这一切。

他也提到了杜兰特："我们仍然是兄弟，但正如我们常说的那样，NBA归根结底也是一项生意，我必须照顾好我的家人。我也希望每天去工作的时候心情是愉悦而平静的，而不是随时警惕着球馆里会有谁对我有什么样的看法，或者记者会不会又发布一条虚假新闻来抨击我。"

2023年2月6日，欧文被交易至达拉斯独行侠队；三天之后，在一桩四队间的复杂交易里，杜兰特作为最重要的棋子被送到了菲尼克斯太阳队。在交易之前，杜兰特的状态非常好，他为篮网队出战了39场，场均得分超过29分。但他半年多以前说过的话竟成为事实："**没有欧文，我看不见篮网队的未来。**"

在作为太阳队球员亮相的发布会上，杜兰特提到了在布鲁克林的这几年，他坦然承认自己的心情依然波澜起伏："我们没能完成最初的设想……我们没能完成这个赛季，我很难过，我认为我们一开始有良好的势头，我们也终于创造出了一直都想要的文化。我觉得每场比赛我们之间都在发生化学反应。但是我不知道欧文和球队之间究竟发生了什么，我没有真正去关注，我只专注于球场上的事情。"

在提起"三巨头"计划的失败时，他略带苦涩地开了个玩笑："我想，当哈登、欧文和我自己同时在场上的时候，我们的表现还是很棒的。只不过，为了赢得总冠军并成为一支伟大的球队，你至少得上场。"

从组建到解散，篮网队曾经的"三巨头"一共只在一起打了16场比赛，取得了13胜3负的成绩。

"至于为什么我们没有一起上场，这又是另一个故事了。但事实上，我们确实没有获得足够的时间，这就是失败的根源。但我依然非常感恩这一段旅程，因为我每天都从名人堂球员那里学到很多东西，"杜兰特说，"我也祝他们一切顺利，只可惜，我们的设想确实未能实现。"

ESPN称杜兰特已经不再与欧文保持联系。3月6日，太阳队在客场以130：126战胜独行侠队，杜兰特17投12中、砍下37分，他是球队获胜的最大功臣。对面的欧文也得到30分，但这并不重要，杜兰特没有跟他说一句话，他甚至连眼神都没有投向欧文那一边。

其实杜兰特和欧文本来就不是一样的人。在某种程度上，杜兰特始终是那个纯粹的8岁孩童，在第一次看到篮球的时候，他就陷进去了。

他喜欢得分，喜欢胜利，喜欢夺冠时仿佛天下尽在掌心的感觉，但这些都不是最重要的。杜兰特曾经说："我每天都想进步，我真的很喜欢打篮球，你知道我在说什么吗？我喜欢起床时就知道今晚有一场比赛，因为这对我来说真的很重要。我期待着自己夺冠，期待着每场得到30分以上，因为这是我期待着自己达到的水平，因为这是我努力的目标，但归根到底，我只是热爱着这项运动。"

2021年10月，NBA公布了官方认定的"**NBA历史75大巨星**"，杜兰特赫然在列。虽然错过了第二年的颁奖仪式，但他确实感到非常荣幸。"'75大巨星'，那个玩意儿真的打动了我，"他说，"我得说，这是我职业生涯的最主要成就之一。"

这也让他不由得思考自己的终点。当时他已经年满33岁，进入联盟已经快15年，他说他经常在想一切会在什么时候结束。

"一直以来，我看着那些名人堂演讲和球衣退役仪式，看着我队友的孩子长大后进入联盟。我看着所有的那些事情，会忍不住想，等我的职业生涯结束，一切会是什么样。"

他曾经是马里兰州乔治王子郡的一个穷小子，他永远记得第一次去弗吉尼亚时的心情，他梦想着变得富裕、成功，受到大众喜爱。进入"75大巨

星"名单，杜兰特认为这种认可是无上的荣耀："这让我回想起我的整个旅程，我是如何走到这里的，以及在这一路上曾经帮助过我的人。我做出了一些决定，而这些决定让我能够成功，于是我现在来到了这里，作为这70年来最伟大的球员之一，这是我梦想成真的时刻。"

当然，杜兰特认为，他的历史地位可能比"75大"还要更高一点儿。尽管他只有两个冠军，远远比不上勒布朗·詹姆斯或是迈克尔·乔丹，但他认为，自己有资格与他们站在同样的赛场上。

杜兰特这样说："如果说迈克尔·乔丹和勒布朗·詹姆斯必须选择谁来当他们的队友，去参加一场5对5的比赛，他们会选择我。我将成为参加那场比赛的10人中的一员。这就是我的感受。"

但杜兰特的历史地位可能要比乔丹等球员更难判定，比起那些终其一生只为一队效力的球员，杜兰特的迁徙生涯或许会导致一些尴尬：俄克拉荷马城的球迷烧毁了杜兰特的球衣，而金州勇士队仍未与他的离开和解，布鲁克林篮网队曾经的"三巨头"被评价为"历史上最失败的抱团"。

他与太阳队的结合看起来像是赌徒的孤注一掷。太阳队倾尽了球队的未来去追求杜兰特，送出了四个无保护的首轮签（2023年、2025年、2027年和2029年），以及2028年的选秀权；另外还送走了米卡尔·布里奇斯，而布里奇斯在交易后立刻成为布鲁克林篮网队新的得分王，在常规赛剩下的时间里打出了11场比赛得分30+的威猛表现，其中更有4场比赛得分超过40分。而太阳队只拥有杜兰特一年半，最多两年半，球队需要抓住这短短的窗口期去获得一个总冠军，否则就将是彻头彻尾的失败。

在这个定义下，2022—2023赛季无疑是失败的。太阳队以西部四号种子的身份进入季后赛，在第二轮以总分2∶4脆败于丹佛掘金队和尼古拉·约基奇的巨掌之下，草率地结束了充满希望的第一年。在这个系列赛里，杜兰特依然打出了看起来不错的数据，他场均29.5分，并摘下9.7个篮板，还有5次助攻；然而在约基奇场均34.5分、13.2个篮板和10.3次助攻的三双表现下，杜兰特仿佛站在了巨人的阴影之下，全然不见光彩。

在第六场比赛结束之后，杜兰特接受了采访，坦然承担了失败的责任，因为他场均22.2%的三分球命中率显然让人失望，他浪费了太多机会，这是太阳队输球的主要原因之一。但更重要的是，杜兰特自己也知道，是约基奇为掘金队打开了一扇通往胜利的大门。"我无比相信，"杜兰特说，"尼古拉·约基奇未来会成为历史上最伟大的中锋之一。"

沧海桑田，白云苍狗，天幕之中随时有新星诞生，同时也有一些星体能量耗尽，不见了踪影。当然，凯文·杜兰特的能量看起来还没有耗尽，他的故事仍将有续集，但在这片星空之中，他已经不再是新鲜、活力的代名词。

他几乎已经获得了所有荣誉，尽管他依然想要向更高的地方攀登。没有人知道他会在太阳队度过什么样的年华，以及以后还会不会有更多的球队进入他的主队名单，但就杜兰特而言，他仍然将每支球队视为他旅程的一部分。

它们如此重要，如此珍贵，但他不会回头。

PART

KEVIN

(7)

DURANT

死神时刻

巅峰表演
KEVIN DURANT

第1章

凯文·杜兰特有时候像是从美国漫画里走出来的人物，无论他在场下表现得如何像一个宅男一样热爱打电子游戏、跟网友较劲吵架、背着小书包走来走去，一旦当他踏上球场，就像是超级英雄（或者反英雄）变身一样，他立刻成为一个气场十足的征服者。在某些时刻，观众甚至会觉得他拥有自己的"结界"，在这个"结界"里，没有人能够打败他。

仅以常规赛来说，杜兰特一个人的进攻能力就足以撑起一支球队，生涯四次得分王的履历就是对他绝佳进攻表现的最好褒奖。截至2023年3月末，杜兰特整个职业生涯的常规赛得分已经达到了26764分。

杜兰特在赛场上并没有很多让人大呼不可思议的时刻，但却因为其丰富的得分手段和精准的执行而呈现出一种理所当然的统治力。在比赛中，他的技能轮流释放：持球进攻，中距离跳投，精准三分球，绝妙传导，近筐封盖……让人眼花缭乱的"组合拳"每次出击，往往让对手猝不及防，也给观众呈上一席视觉上的满汉全席，而那些值得铭记的时刻，更会成为球迷在许多年后都可以津津乐道的金色回忆。

常规赛15大战役

1 场均30.1分改写尘封43年纪录

NBA最年轻得分王纪录尘封43年之久！2010年4月15日，杜兰特以场均30.1分加冕NBA得分王，同时21岁零197天的杜兰特超越里克·巴里，成为NBA历史上最年轻的得分王。在杜兰特的带领下，雷霆队以114：105击败灰熊队，取得常规赛50胜的战绩，5个赛季以来首次杀入季后赛。

2 1.4秒绝杀上演惊天复仇

2011年12月30日，雷霆队主场迎战独行侠队，所谓"仇人相见分外眼红"，两队比分异常胶着。比赛最后1.4秒，雷霆队1分落后，暂停结束后，杜兰特摆脱防守，接球出手，球进灯亮，用一记远投三分球上演逆天绝杀，并以此报了上个赛季西部决赛被独行侠队淘汰之仇。

3 对阵勇士队狂砍54分

杜兰特作为连续四届的得分王，是NBA公认的得分能力最强的球员。2014年1月18日，雷霆队坐镇主场，以127∶121击败勇士队，杜兰特全场28投19中，得到54分、4个篮板、6次助攻，54分也是当时杜兰特生涯的最高得分。

4 连续41场25+超越乔丹纪录

2014年4月7日，虽然雷霆队以115∶122不敌太阳队，但杜兰特却迎来自己的历史时刻。他全场贡献38分、11个篮板，实现连续41场得分超过25分，超越乔丹的纪录。

5 超远三分球准绝杀魔术队

2016年2月4日，雷霆队与魔术队在比赛最后10秒仍是平局，此时杜兰特大发神威，运球过半场后晃过对手，抬手就射，用一记超远三分球终结比赛，仅留给对手0.5秒的时间，但魔术队已经无力回天。

6 三分球主导生死准绝杀雄鹿队

2021年1月19日，篮网队坐镇主场迎战雄鹿队，全场比赛中两队比分交替上升，末节双方展开激战，比赛还剩36.8秒时，杜兰特接到哈登的传球，命中准绝杀三分球，率领篮网队以125∶123击败雄鹿队，取得4连胜。

7 51分破库里赛季纪录

2021年12月13日，篮网队在客场以116：104轻取活塞队，杜兰特全场出战41分钟，罚球15中14，打出51分、7个篮板、9次助攻的豪华数据。这是杜兰特生涯的第7次50+，同期仅次于哈登、利拉德、库里和詹姆斯，同时打破库里创下的当赛季最高得分纪录。

8 孤胆英雄"死神"本色

2023年1月5日，篮网队112：121不敌公牛队，12连胜遭到终结，杜兰特却在比赛中打出疯狂一战，首节得到15分，第二节最后3分36秒连得13分，开启"死神模式"，全场得到44分，这是杜兰特生涯第65次单场得分40+，在现役球员中仅次于詹姆斯和哈登。

9 32分一举跨越邓肯、科比两大里程碑

2022年12月27日，篮网队以125：117击败骑士队、迎来9连胜，杜兰特全场18投10中，三分球8中5，得到32分、9个篮板。至此，杜兰特生涯总得分达到26516分，超越邓肯（29496分）升至NBA历史得分榜第15位；三分球命中数达到1829记，超越科比（1827记）升至NBA历史三分榜第21位。

10 55分刷新生涯得分纪录

2022年4月3日，篮网队以115：122不敌老鹰队，但杜兰特在本场比赛中刷新了自己的生涯最高分。杜兰特在比赛开始阶段就开启"死神模式"，上半场10中7，全场28投19中，三分球10投8中，得到55分、7个篮板。

11 43分钟轰下53分比肩詹姆斯

2022年3月14日，篮网队3分险胜尼克斯队，杜兰特全场出战43分钟，得到53分、6个篮板、9次助攻。杜兰特成为继张伯伦、詹姆斯之后，NBA历史上第三位代表三支不同球队（雷霆队、勇士队、篮网队）均得到过50+的球员。

12 18个篮板创职业生涯纪录

2011年1月27日，雷霆队在加时赛中以118：117险胜森林狼队，取得对森林狼队的8连胜，杜兰特成为全场最闪耀的球星，得到47分、18个篮板，创下个人生涯篮板球最高纪录。

13 16次助攻刷新个人纪录

2022年4月11日，篮网队以134：126击败步行者队，杜兰特在本场比赛中手感欠佳，但依旧以超强的进攻牵制力交出20分、10个篮板、16次助攻的三双答卷，16次助攻也创下个人生涯纪录。

14 连续13场25+比肩乔丹

2022年11月13日，篮网队凭借末节15：0的攻击波，最终以110：95战胜快船队。杜兰特16投10中，得到27分、6个篮板，成为继1988—1989赛季的乔丹之后，34年来首位开赛季连续13场得分25+的球员。

15 45分刷新多项纪录

2022年11月29日，篮网队以109：102击败魔术队，这场比赛成为杜兰特的个人表演舞台，他用自己的实际行动给年轻的对手上了一课。杜兰特全场贡献45分、7个篮板、5次助攻。这是他篮网生涯第8次单场40+，排名队史第3，仅次于卡特和欧文；职业生涯第20次单场45+，与贾巴尔和威斯布鲁克并列历史第14位。

杜兰特常规赛生涯高分场次（得分45+）数据

排名	得分	日期	赛果	出场时间	命中数	出手数	命中率	两分球命中数
1	55	2022年4月3日	篮网队115：122老鹰队	42	19	28	67.90%	11
2	54	2014年1月18日	雷霆队127：121勇士队	44	19	28	67.90%	14
3	53	2022年3月14日	篮网队110：107尼克斯队	43	19	37	51.40%	15
4	52	2013年1月19日	雷霆队117：114独行侠队	50	13	31	41.90%	8
5	51	2012年2月20日	雷霆队124：118掘金队	45	19	28	67.90%	14
6	51	2014年3月22日	雷霆队119：118猛龙队	52	15	32	46.90%	8
7	51	2018年11月30日	勇士队128：131猛龙队	43	18	31	58.10%	14
8	51	2021年12月13日	篮网队116：104活塞队	41	16	31	51.60%	11
9	50	2018年2月15日	勇士队117：123开拓者队	37	17	27	63.00%	11
10	49	2018年11月27日	勇士队116：110魔术队	40	16	33	48.50%	12
11	48	2014年1月5日	雷霆队115：111森林狼队	43	16	32	50.00%	12
12	48	2014年1月8日	雷霆队101：112爵士队	45	14	34	41.20%	11
13	47	2009年2月18日	雷霆队98：100鹈鹕队	43	16	27	59.30%	12
14	47	2011年1月27日	雷霆队118：117森林狼队	50	15	28	53.60%	11
15	46	2009年1月24日	雷霆队104：107快船队	46	10	23	43.50%	8
16	46	2014年1月22日	雷霆队105：97开拓者队	38	17	25	68.00%	11
17	45	2010年2月1日	雷霆队112：104勇士队	40	16	21	76.20%	14
18	45	2010年3月23日	雷霆队96：99马刺队	42	15	24	62.50%	14
19	45	2010年4月7日	雷霆队139：140爵士队	44	13	29	44.80%	6
20	45	2022年11月29日	篮网队109：102魔术队	39	19	24	79.20%	16

两分球出手数	两分球命中率	三分球命中数	三分球出手数	三分球命中率	罚球命中数	罚球出手数	罚球命中率	篮板	助攻	抢断	盖帽	失误
18	61.10%	8	10	80.00%	9	11	81.80%	7	3	1	0	4
19	73.70%	5	9	55.60%	11	13	84.60%	4	6	2	1	5
24	62.50%	4	13	30.80%	11	12	91.70%	6	9	2	0	5
22	36.40%	5	9	55.60%	21	21	100.00%	9	1	2	0	4
22	63.60%	5	6	83.30%	8	10	80.00%	8	3	4	0	5
20	40.00%	7	12	58.30%	14	19	73.70%	12	7	1	1	5
24	58.30%	4	7	57.10%	11	12	91.70%	11	6	0	0	1
21	52.40%	5	10	50.00%	14	15	93.30%	7	9	1	2	5
13	84.60%	6	14	42.90%	10	10	100.00%	7	6	0	2	4
23	52.20%	4	10	40.00%	13	13	100.00%	6	9	2	2	4
23	52.20%	4	9	44.40%	12	13	92.30%	7	7	2	1	3
21	52.40%	3	13	23.10%	17	19	89.50%	7	5	4	2	0
21	57.10%	4	6	66.70%	11	13	84.60%	3	2	0	0	2
20	55.00%	4	8	50.00%	13	14	92.90%	18	2	2	2	2
17	47.10%	2	6	33.30%	24	26	92.30%	15	4	2	1	2
18	61.10%	6	7	85.70%	6	7	85.70%	5	4	0	0	4
18	77.80%	2	3	66.70%	11	11	100.00%	11	2	2	0	4
20	70.00%	1	4	25.00%	14	15	93.30%	8	1	0	3	3
16	37.50%	7	13	53.80%	12	12	100.00%	7	4	2	2	3
19	84.20%	3	5	60.00%	4	4	100.00%	7	5	2	2	6

截至2022—2023赛季结束

绝地求生

KEVIN DURANT

第2章

季后赛版本的杜兰特和常规赛版本的差距不是很大，尤其是在他技术成熟之后，他的表现主要取决于球队对他的需求。如果你足够理解篮球作为一项团队运动的魅力，那你一定明白这句话的分量。

在那些团队有条不紊、齐力发挥的球队里，比如2011—2012赛季的雷霆队和2016—2017赛季至2018—2019赛季的勇士队，杜兰特在季后赛中的出手次数会降低，但得分反而会变多，因为他的命中率显著提高，而且罚球次数也变多了；而在那些严重依赖球星个人能力而不是团队组织的球队（此处点名篮网队和哈登离开之后的雷霆队）里，杜兰特的季后赛出手次数会显著高于常规赛，明显呈现出"接管比赛"的状态。尤其是当比赛陷入僵局而队友不知所措时，杜兰特常常会站出来，以一种孤胆英雄的姿态拯救球队。比如2020—2021赛季东部季后赛次轮，篮网队对阵雄鹿队的"天王山之战"，杜兰特得到49分、17个篮板和10次助攻，带领篮网队填上了一度落后17分的巨坑。在这场比赛中，他亲自砍下或助攻了篮网队全队114分中的74分，包括最后52分里面的43分。

从西雅图到俄克拉荷马城，从湾区到布鲁克林乃至菲尼克斯，杜兰特以一种坦然自若的姿态向着名人堂的宝座径直走去，而这些季后赛的经典场次必将成为未来名人堂录像的精华集锦。

—— 季后赛10大战役 ——

1 生涯十载终获首冠

这是杜兰特转投勇士队的第一个赛季，也是他征战NBA的第十个赛季。2017年6月13日，勇士队以129∶120击败骑士队，总比分4∶1夺得总冠军，杜兰特收获了个人生涯首座总冠军奖杯。5场总决赛，场均35.2分、8.4个篮板、5.4次助攻、1.0次抢断、1.6次盖帽，杜兰特凭借出色表现夺取FMVP。

2 孤身撑起篮网队饮恨败北

在哈登与欧文相继受伤后，杜兰特孤身苦苦支撑着篮网队。2021年6月20日，东部季后赛次轮，篮网队与雄鹿队进入抢七大战。杜兰特出战53分钟，拿到48分、9个篮板、6次助攻。他在常规时间最后时刻命中绝平球，但篮网队还是在加时赛中饮恨败北。而杜兰特的绝平球，距离绝杀的三分球也仅有1厘米的距离而已。

3 末节6投全中上演"死神归来"

2012年6月3日，NBA西部决赛第4场，雷霆队总分1∶2落后于马刺队，雷霆队若在本场比赛输球，将会影响整个系列赛的走势。在距离比赛结束还有6分33秒的时候，杜兰特面对马刺队球员的轮番缠绕，4分钟内连续6投全中，第四节独得18分，凭借一己之力击败马刺队，并且率队获得本轮系列赛的最终胜利。

4 包揽球队最后9分+致命封盖淘汰掘金队

2011年4月28日，西部季后赛首轮第5场，雷霆队客场对阵掘金队。在最后时刻比分胶着时，杜兰特连续命中中远投，包揽全队的最后9分，并且封盖J. R. 史密斯的绝平三分球，带领雷霆队以总分4∶1淘汰掘金队，晋级西部半决赛。

5 **连得7分助勇士队取得总决赛赛点**

2017年6月8日，NBA总决赛第3场，勇士队客场对阵骑士队，在比赛最后1分15秒，杜兰特连续得到7分，包括一记弧顶的关键三分球，用最直接的方式终结了比赛，帮助勇士队以118∶113击败骑士队，总分3∶0拿到赛点。杜兰特在这场比赛中扮演"杀神"的角色，不遗余力地砍下31分、9个篮板、4次助攻。

6 **单节17分开启雷霆队连胜晋级之路**

2016年5月9日，西部半决赛第4场，雷霆队总分1∶2落后于马刺队，杜兰特面对连续两届最佳防守球员伦纳德，在第四节单节6中6、取得17分，全场贡献41分、5个篮板、4次助攻，带领雷霆队以111∶97大胜马刺队，也开启了雷霆队连胜3场、晋级西部决赛之路。

7 **43分强势翻盘取得赛点**

2018年6月7日，总决赛第3场，在"水花兄弟"被完全锁死的情况下（两人总共得到21分），杜兰特三分球9中6，得到43分、13个篮板、7次助攻，凭借一己之力强势翻盘，勇士队总分3∶0战胜骑士队，取得赛点。

8 狂砍50分率勇士队淘汰快船队

2019年4月27日，西部季后赛首轮第6场，勇士队129∶110击败快船队，总分4∶2晋级西部半决赛。在勇士队其他球员进攻不力的情况下，杜兰特26投15中，罚球15中14，得到50分、6个篮板、5次助攻，50分也是杜兰特季后赛生涯的最高得分。

9 打满48分钟斩大号三双创纪录

2021年6月16日，东部半决赛第5场，篮网队114∶108击败雄鹿队，篮网队先发五虎除杜兰特外几乎全员哑火，杜兰特打满全场48分钟，斩获49分、17个篮板、10次助攻的大号三双数据，成为NBA历史上首位在季后赛得到45+、15+、10+三双的球员。

10 41分助雷霆队取赛点

2013年4月28日，西部季后赛首轮第3场，雷霆队3分险胜火箭队，威斯布鲁克在上一场受伤后赛季报销，杜兰特单核带队挑战哈登，首节便拿下17分，全场出战47分钟，得到41分、14个篮板，并在比赛最后时刻命中准绝杀三分球，一举将总分扩大至3∶0，基本上宣告火箭队被淘汰出局。

梦之表演
KEVIN DURANT

第3章

凯文·杜兰特的国家队经历可以用"完美"来形容，在东京奥运会决赛中砍下29分、锁定他人生中的第三枚奥运金牌后，杜兰特已经成为美国男子篮球国家队历史上最伟大的球员。

2012年，23岁的杜兰特刚刚输掉了NBA总决赛，就披上美国队战袍出战奥运赛场。那一届的阵容里还有勒布朗·詹姆斯、科比·布莱恩特、克里斯·保罗和卡梅隆·安东尼，全是4年前北京奥运会上"救赎之队"的巨星球员。但杜兰特才是这一届最闪耀的明星，他在8场比赛中有4场都是全场的得分王，总共砍下156分，刷新了美国男子篮球队球员在单届奥运会上的得分纪录。

随后在2016年的里约热内卢，杜兰特成为第一个在多届奥运会上得分领跑全队的美国队球员，这一次他得到了155分，再次帮助美国队夺冠。

东京奥运会是最令人难忘的一届：新冠肺炎疫情让NBA赛程变得漫长而痛苦，许多球星因此决定放弃奥运会的比赛；从杜兰特自身情况来说，他刚刚才经历了一整年因为脚踝伤势而缺阵的空白期，许多人怀疑他是否还能恢复到从前的状态；而且，这些年来，许多篮球天才在世界各地涌现，美国队的统治不再像从前那样强势，甚至在团队配合上可能要弱于其他球队，这些都是潜在的问题。

然而杜兰特无惧这一切，再次带领美国队走向辉煌。距离他上一次夺得NBA常规赛MVP已经过去7年，这时候的他已经32岁了，但他证明了自己依然是世界上最优秀的球员之一，他的巅峰犹在，这仍是他的黄金时代。

杜兰特从国际赛场一次又一次的征战中获得了丰厚的回报，不仅是那些金牌、奖杯和纪录，还有全美人民毫无保留的支持和爱。在NBA比赛的时候，对方的球迷可能会对着他发出嘘声，当他离开一支球队去别的地方，那些曾经的支持者甚至会表现出强烈的恨意。但在代表美国队出战的时候，他是整个美国的宠儿，如同他一直渴望的那样，他终于可以获得真正的认可和尊敬。

国家队5大战役

1 三连冠两夺MVP成为奥运会男篮第一人

2021年8月7日，东京奥运会男篮决赛，美国队以87：82击败法国队夺冠，杜兰特拿到全场最高的29分，外加6个篮板、3次助攻，个人生涯取得奥运会三连冠，同时第二次荣膺MVP。杜兰特在单届奥运会总得分均超过100分，成为美国队历史第一人。

2 男篮世锦赛率美国"梦九队"时隔16年再度夺冠

2010年9月13日，男篮世锦赛决赛，美国队以81：64击败东道主土耳其队，以不败战绩夺冠，杜兰特命中7记三分球、砍下28分，并以场均22.8分当选MVP，这一分数也创造了世锦赛美国队球员个人场均得分历史新高。

3 生涯首届奥运会创多项纪录

在伦敦奥运会上，正值当打之年的杜兰特成为这支"梦之队"的进攻核心，他也被誉为国际赛场的"大杀器"。2012年8月12日，奥运会男篮决赛打响，美国队以107：100击败西班牙队，成功卫冕。杜兰特得到全场最高的30分，同时成为美国队历史上单人单届奥运会总得分最多的球员，并以场均19.5分成为美国队奥运会历史上场均得分最高的球员。

4 **二度征战奥运会再夺金牌**

2016年8月22日，里约热内卢奥运会男篮决赛，美国队以96：66大胜塞尔维亚队实现三连冠，杜兰特得到全场最高的30分。他在本届赛事中总计得到155分，再度成为得分王。

5 **砍下23分率美国队逆转晋级**

2021年8月5日，东京奥运会男篮半决赛，美国队97：78逆转淘汰澳大利亚队、晋级决赛。杜兰特全场19投10中，得到23分、9个篮板，他在上半场仅休息2分钟，第三节送出2记盖帽，一人连得8分，助美国队完成反超。

PART

KEVIN

(8)

DURANT

盘点死神

死神绝技
KEVIN DURANT

第1章

无论你对凯文·杜兰特这个人有着怎样的评价，有一点你总得承认：你不希望成为在篮球场上与他对位的那个人。

作为NBA历史上效率最高也最有天赋的得分手之一，凯文·杜兰特有时候就像是造物主的宠儿，他把层出不穷的进攻手段在赛场上轮番表演，看上去却不费吹灰之力，令人艳羡、嫉妒，又让人由衷叹服：他可以势如破竹地持球直冲篮下得分，也可以在"油漆区"外急停跳投命中，他还有一手绝佳的三分球……杜兰特在球场上是所有对位防守者的噩梦，他的赛场表现也为视频网站上一个个高播放量的精彩集锦提供丰富的素材。

一位球队总经理曾将杜兰特形容为"联盟历史上最纯粹的得分手"，还评价道："对于凯文来说，只有他投进或者投不进，而这跟你的防守几乎没有任何关系。说真的，他所拥有的技能包是独一份的，这个世界上没有任何一个人能像他这样拥有如此多的武器。"

7大技能

1 逆天比例

　　杜兰特的净身高为2.08米，这个数字甚至没法排在联盟前50位，但他的臂展却达到了惊人的2.28米。这个逆天的比例让他在球场上成为一个无解的存在，他可以更容易地去封盖或者抢断，在抢篮板的时候也有优势，同时在进攻端还能获得更多的操作空间，他的投篮高度显著高于任何同体型防守者的封盖高度。杜兰特的前教练、乔丹的前队友史蒂夫·科尔就曾评价道："抛开团队领导力、球队成绩等不谈，单从天赋和单纯的篮球技术来说，杜兰特甚至要优于乔丹——毕竟乔丹的身高和臂展都要逊于杜兰特。"

2 永恒错位

作为一个穿鞋后的身高达到了2.13米的家伙，杜兰特从一号位到四号位都能打，他有着内线球员的身高和外线球员的移动能力，所以无论与谁对位，他都占据着错位优势。这就是防守者在面对杜兰特时遭遇的永恒困境：小个子球员无法匹配他的身高和臂长，但如果你用大个子球员去防守他，那杜兰特就会用他绝佳的运动能力证明你的笨拙。杜兰特承认，他模仿过多名不同位置上的篮球巨星，从NCAA锡拉丘兹大学队的比利·欧文斯，到NBA巨星文斯·卡特、特雷西·麦克格雷迪、德克·诺维茨基，乃至科比和詹姆斯，他仔细钻研了他们的录像并在球场上复制他们的技能，这让他成为一个前所未有的综合型球员，因此他在勇士队时期的队友奎因·库克将杜兰特称为"从篮球游戏里走出来的人物"。

3 超绝控球

相较于他身体的其他部分，杜兰特的手倒并不太大，他在2014年曾公开表示单手握球对他来讲有点儿困难，还因此引发了一场新闻风波。但杜兰特相对较小的手掌并没有影响他的控球能力，他是联盟中最出色的控球者之一，技术异常娴熟，迅捷地交叉变向、转身、急停跳投等后卫的招牌动作，都可以随时从他的"技能百宝箱"里拿出来使用。曾有媒体评选出"NBA21世纪最佳控球手Top10"的榜单，杜兰特赫然在列，而与他并列的都是欧文、保罗、罗斯、韦德这样的明星后卫。

4 致命中投

杜兰特在球场上任何角落的投篮命中率都相当不错，但他的中距离跳投无疑是其技能包里最致命的一招。按照他2019年在推特上与网友吵架时的说法：对他来说，中距离跳投基本上约等于是空位投篮。尽管根据ESPN分析师柯克·戈德贝里的统计，杜兰特95%的中距离投篮都是在有人防守的情况下投出的，但杜兰特的身高和臂展让他的视平线和投篮高度高于大多数的对位防守者。也就是说，他在持球进攻、急停跳投的时候，对位球员通常来说对他不会起到任何干扰作用。

数据说明一切，从2013年到2020年，NBA单赛季中距离投篮命中率前五名的数据如下：

排名	球员	赛季	命中率
1	凯文·杜兰特	2018—2019	52.6%
2	德克·诺维茨基	2013—2014	50.4%
	克里斯·保罗	2014—2015	50.4%
4	凯文·杜兰特	2015—2016	50.3%
5	凯文·杜兰特	2017—2018	50.1%

5 三分球加成

杜兰特的三分球并不是他最有名的武器，但这个武器的效果却十分惊人。他生涯中三分球的平均命中率为38.4%，这个数字是什么概念呢？让我们对比几个超级擅长投三分球的前锋的数据：拉里·伯德，37.6%；保罗·皮尔斯，36.8%；德克·诺维茨基，38.0%。在2020—2021赛季，尽管杜兰特一直断断续续地承受着伤病的折磨，但他的三分球手感却前所未有地好，命中率达到了惊人的45%。他的前教练史蒂夫·科尔至今仍是NBA历史上三分球命中率最高的球员，然而科尔最赞叹杜兰特的一点就是，杜兰特的三分球可以在任何地方投出，只要他愿意，他完全可以运球过半场以后就来个不讲理的三分球。考虑到他的身高、臂长和运动能力，这个被加成后的技能只会让防守者更加无计可施。

6 组织进攻

当我们衡量一个篮球运动员的组织进攻能力时，会引用一个名为"助攻率"的数据，其基本概念就是这个球员在场时助攻其他球员得分的概率。在杜兰特的新秀赛季，他的助攻率只有12.5%，但自从球队搬到俄克拉荷马城，他的助攻率就飙升到20%以上；在2018—2019赛季，他的助攻率甚至达到了28.6%，与库里的31%已经相差不大。简单来说，杜兰特的组织能力在前锋球员里仅次于詹姆斯，个高、臂长的他有着良好的传球视野，持球挡拆后分球、突破吸引包夹后分球，充分利用自己的进攻威胁，为队友创造得分机会。这也是杜兰特在进攻端能制造更多威胁的原因：他又能跑又能投，能背身单打也能调度组织，你实在难以预料他会用什么办法摧毁你的防守阵线。

7 守护篮筐

　　或许是杜兰特在进攻端的势不可挡，让不少人忽略了他在防守端的威力，但事实上，2.28米的臂展真的能使他在防守端扮演一个重要角色。让我们引用"盖帽率"这个数据，它指的是球员在场上的时候封盖掉对手两分球出手的概率。杜兰特最辉煌的盖帽表演发生在加入勇士队后的前两年，他的盖帽率分别是4.0%（2017—2018赛季）和3.8%（2016—2017赛季），分别排在联盟第14位和第15位，均为非内线球员里面的最佳数据，甚至优于大部分球队的中锋。在布鲁克林篮网队的第一个赛季，当杜兰特在场上的时候，对手的命中率低于2.8%，这是全联盟中第五好的防守的表现。

　　简而言之，凯文·杜兰特在攻防两端都具有十足的威慑力，尤其是在进攻方面，他的多种技能组合搭配，使其成为NBA里最独特的超级巨星。

亦敌亦友
KEVIN DURANT

第2章

　　杜兰特在球场外的生活极为简单，不出门、不社交，每日除了练球几乎什么都不做。这让杜兰特在联盟中的人际关系很差劲，能称得上好友的球员少之又少，但下面几个球员却是杜兰特为数不多的好友。

迈克尔·比斯利

　　迈克尔·比斯利与杜兰特相识于11岁时，比斯利幼年时经常被母亲寄养在杜兰特家中，二人都在橡树山学院成名，也都获得过麦当劳全美高中明星赛的MVP，比利斯也是杜兰特承认的唯一在单挑中击败过自己的球员。

凯里·欧文

  在杜兰特跟腱撕裂时期，欧文是唯一前往医院探望他的人，当时杜兰特几乎谢绝了所有人的探望，唯独欧文除外。欧文是杜兰特在国家队中为数不多可以推心置腹的好友，欧文也曾多次公开表示想要与杜兰特搭档，2019年夏天，二人携手加盟篮网队。

赛尔吉·伊巴卡

　　作为杜兰特在雷霆队的队友，伊巴卡是球队内唯一称得上是其好友之人，伊巴卡曾在自传中讲述二人的友情，他当时经常突然去杜兰特家，无须提前告知，杜兰特也将其视为家人。

斯蒂芬·库里

　　杜兰特在勇士队效力三个赛季、两夺总冠军，他与库里在赛场上可谓是相辅相成，库里牺牲了自己大量的球权，将出手机会让给杜兰特。在杜兰特离队后，二人的关系仍未见平淡，他还会在很多场合维护库里。

拉塞尔·威斯布鲁克

　　杜兰特与威斯布鲁克携手在雷霆队效力8年，创造了雷霆队最辉煌的时刻，他们一起享受胜利，也一起承受失败。在杜兰特转投勇士队后，二人的关系降至冰点，随着威斯布鲁克喜得爱子，杜兰特及时送上祝福，两人冰释前嫌。

保罗·乔治

　　杜兰特与保罗·乔治在媒体面前经常互相为对方站台打气，当在采访中被问及NBA中谁是好友时，乔治毫不犹豫地回答："杜兰特。"乔治加盟雷霆队一事，杜兰特也在其中起到了非常重要的作用。

埃弗里·布拉德利

　　杜兰特与布拉德利的缘分起始于大学，二人是得克萨斯大学的校友。虽然他们有着年龄上的差距，但是也曾经共处同一屋檐下。二人之间曾有逸闻，每逢布拉德利约会，都是杜兰特开车送他前往目的地。

尼克·科里森

　　科里森是雷霆队的前队长，也是一个不折不扣的更衣室领袖。科里森是杜兰特的启蒙老师，杜兰特能成为今天的巨星，这与科里森密不可分。而在科里森球衣退役的那一天，杜兰特也选择回到雷霆队参加典礼。

詹姆斯·哈登

　　杜兰特与哈登曾在雷霆队并肩作战，二人各为其主后，连续两年在季后赛对决，杜兰特均将哈登淘汰出局，自1998年的乔丹之后，只有杜兰特与哈登三度蝉联得分王。2021年1月，哈登加盟篮网队与杜兰特再度携手，一年后二人又一次分道扬镳。

德文·布克

　　杜兰特与布克在国家队中结下深厚的友谊，二人惺惺相惜，布克也曾在2011年表示，杜兰特是他最喜欢的NBA球员。正因为如此，杜兰特在2023年选择加盟太阳队。在日后的比赛中，二人也曾多次称赞对方，布克还表示，杜兰特是所有人梦寐以求的队友，自己愿意把球队老大的位置让给他。

杜兰特生涯两夺总冠军，蝉联FMVP，同时作为NBA中最年轻的得分王，从西部到东部，从常规赛到季后赛，再到总决赛，对手可谓比比皆是。有一生死敌，他们恩怨、冲突不断，每逢碰面必将火星四溅；也有亦敌亦友的故人，他们各为其主，在场上针锋相对，在场下把酒言欢。

勒布朗·詹姆斯

杜兰特与詹姆斯三次在总决赛相遇，杜兰特的战绩处在上风。2011—2012赛季总决赛，稚嫩的杜兰特率领雷霆队不敌詹姆斯领军的热火队；2016—2017赛季总决赛，转投勇士队的杜兰特击败詹姆斯所在的骑士队，夺得总冠军；2017—2018赛季总决赛，杜兰特率领勇士队再度击败詹姆斯的骑士队，捧起总冠军奖杯。

德克·诺维茨基

诺维茨基与杜兰特一样，都是出色的大个子投手，也精通各种得分手段。2010—2011赛季西部决赛，杜兰特所在的雷霆队不敌诺维茨基率领的独行侠队，杜兰特也曾在日后的采访中表示，诺维茨基是历史上最出色的大个子投手。

科比·布莱恩特

　　科比曾多次入选最佳防守阵容，但面对身高2.08米、拥有后卫运球技术的杜兰特却也倍感头疼。科比曾经在采访中表示，杜兰特是他见到过的最难防守的球员，直到自己退役都不知道如何限制杜兰特，不清楚怎样去防守他。

科怀·伦纳德

　　伦纳德与杜兰特都被认为是历史上在小前锋位置中最出色的巨星球员，当伦纳德还在马刺队效力时，经常会在季后赛与杜兰特碰面，最强的防守面对最强的进攻，矛与盾的对决总是令球迷血脉偾张。

帕特里克·贝弗利

贝弗利是NBA中防守最为凶悍的球员之一，2018—2019赛季西部季后赛首轮，在勇士队对阵快船队的系列赛中，贝弗利凶悍的防守给杜兰特造成了很大的困扰，二人甚至还因为发生冲突被双双驱逐出场，杜兰特整个系列赛都不在状态，而贝弗利用防守赢得了杜兰特的尊重。

扬尼斯·阿德托昆博

扬尼斯·阿德托昆博与杜兰特一样拥有着高大的身材与超长的臂展，二人在东部的对决可谓是"针尖对麦芒"。2020—2021赛季东部半决赛第5场，杜兰特打满48分钟，率篮网队击败雄鹿队；在随后的第7场中，杜兰特脚踩三分线投中绝平球，无缘绝杀，加时赛饮恨败北。随后扬尼斯·阿德托昆博率领雄鹿队一路披荆斩棘，最终获得总冠军。

德雷蒙德·格林

德雷蒙德·格林曾在杜兰特加盟勇士队时起到了关键作用，但杜兰特离开勇士队一定程度上也因为与格林产生矛盾。2018年11月13日，勇士队客场对阵快船队，杜兰特与格林在第四节最后一次进攻中发生冲突，球队也在加时赛中落败。格林怒骂杜兰特，说出了那句著名的"在你到来之前我们就已经是总冠军了"。

克里斯·保罗

　　保罗与杜兰特此前曾在西部季后赛中多次对决，无论是雷霆队对阵快船队，还是勇士队对阵火箭队，杜兰特几乎全面压制保罗，可以说杜兰特就是保罗总冠军梦想的拦路虎。2023年杜兰特加盟太阳队，与保罗成为队友。

达米安·利拉德

　　杜兰特和利拉德虽然是处于不同位置的球员，但是都有着出色的得分爆发力，同样以精准的外线三分球著称，而且两人有一个共同之处，那就是关键时刻的"大心脏"，这让他们都成为各自球队执行最后一投的核心球员。2017—2018赛季常规赛，勇士队客场不敌开拓者队，杜兰特与利拉德在赛场上对飙三分球，各自得到50分与44分。

乔尔·恩比德

　　杜兰特与恩比德、篮网队与76人队，这是当时NBA东部最具看点的比赛之一。杜兰特与恩比德在赛场上互相挑衅，频繁爆发言语冲突；而在场下，两人也常常在推特上互相嘲讽，对决从未停歇。

　　不管是队友还是对手，他们对于杜兰特的为人都会有不同的看法，但是在评价他在篮球场上取得的成就时，却是一致赞扬。杜兰特并非完美无缺，但没有人否定他在球场上付出的努力，也没有人恶意诋毁他，有的全部都是对他最客观、最真实的评价：

　　杜兰特是我见过的最强球员，他的天赋百年一遇。

　　　　　　　　　　　　　　　　——扬尼斯·阿德托昆博

　　杜兰特是我认为最难防守的球员，直到退役我都没有完全弄明白如何去防守他。

　　　　　　　　　　　　　　　　——科比·布莱恩特

　　杜兰特是我交手过的最强球员之一。

　　　　　　　　　　　　　　　　——勒布朗·詹姆斯

　　健康的杜兰特是NBA中最强的，谁也不能防住他，谁挡在他面前都没有用。

　　　　　　　　　　　　　　　　——达米安·利拉德

　　杜兰特是历史上技术最娴熟的球员，拥有如此的身体条件又能把投篮、控球结合到如此娴熟的地步，这是前所未见的。

　　　　　　　　　　　　　　　　——史蒂夫·科尔

我认为如果还有比我更具天赋的球员的话，那绝对就是杜兰特了。

——乔尔·恩比德

每次看杜兰特的跳投都是一种享受，我曾经是他的球迷。

——凯里·欧文

杜兰特是历史上的最强球员之一，他有上天给予的天赋，无所不能。

——詹姆斯·哈登

杜兰特的无解中投可以和乔丹媲美，在他接球时你只能祈祷投不进。

——斯科蒂·皮蓬

杜兰特是世界上最好的球员，划时代的球员。

——马科·贝里内利

杜兰特是一个伟大的杀手。

——阿伦·艾弗森

杜兰特就是NBA最强的球员，毫无疑问。

——特雷西·麦克格雷迪

杜兰特一向都是这么出色，在雷霆队也是如此，他只要上场就会竭尽全力。

——拉塞尔·威斯布鲁克

我并不是针对詹姆斯，我认为他是NBA历史前5名的球员，但现在杜兰特就是最佳球员。

——保罗·皮尔斯

杜兰特是一个非常认真的篮球运动员，他非常重视打磨自己的技巧，他是我们见过的最伟大的球员之一。

——**杰里·韦斯特**

杜兰特就是当下世界最强的篮球运动员，现在是时候有人将詹姆斯从世界最好球员的宝座上拉下来了。

——**肯德里克·帕金斯**

杜兰特在赛场上的单挑能力堪称历史罕见，他甚至和科比的能力不相上下，他们都在进攻端有着历史级别的天赋。

——**斯蒂芬·库里**

杜兰特到退役的时候，会成为被历史铭记的球员。

——**雷吉·米勒**

杜兰特可能是NBA历史上得分最轻松的球员，没人能够阻止他、控制他或者挑战他。

——**吉尔伯特·阿里纳斯**

杜兰特的能力和特点堪比当年的乔治·格文，他的身高、臂长，再加上娴熟的技巧，使得他和当年的"魔术师"约翰逊一样令对手防不胜防。

——**伯纳德·金**

杜兰特是NBA中最不可阻挡的进攻力量，现在詹姆斯几乎要把火炬交给杜兰特了。

——**埃尔文·约翰逊**

荣耀数据
KEVIN DURANT

第3章

杜兰特在NBA赛场就是"死神"化身，他将可以揽获的所有个人荣誉与团队荣誉悉数收入囊中：NBA总冠军、FMVP、常规赛MVP、得分王……只要是可以想到的奖项，都曾印有杜兰特的名字。他在国际赛场上同样收获颇丰，是美国男篮"梦之队"的"核武器"，在杜兰特的加持下，美国队轻而易举斩获世锦赛冠军和奥运会冠军。

个人荣誉：

2次总决赛MVP：2016—2017赛季、2017—2018赛季

1次常规赛MVP：2013—2014赛季

2次全明星赛MVP：2011—2012赛季、2018—2019赛季

13次入选NBA全明星阵容

6次赛季最佳阵容第一阵容：2009—2010赛季、2010—2011赛季、2011—2012赛季、2012—2013赛季、2013—2014赛季、2017—2018赛季

4次赛季最佳阵容第二阵容：2015—2016赛季、2016—2017赛季、2018—2019赛季、2021—2022赛季

4次得分王：2009—2010赛季、2010—2011赛季、2011—2012赛季、2013—2014赛季

最佳新秀：2007—2008赛季

最佳新秀阵容第一阵容：2007—2008赛季

全明星新秀挑战赛MVP：2008—2009赛季

2021年入选"NBA历史75大巨星"

1次男篮世锦赛MVP：2010年

1次男篮世锦赛最佳阵容：2010年

3次美国篮球年度最佳男子运动员：2010年、2016年、2021年

团队荣誉：

2次NBA总冠军：2016—2017赛季、2017—2018赛季

3次奥运会男篮冠军：2012年、2016年、2021年

1次男篮世锦赛冠军：2010年

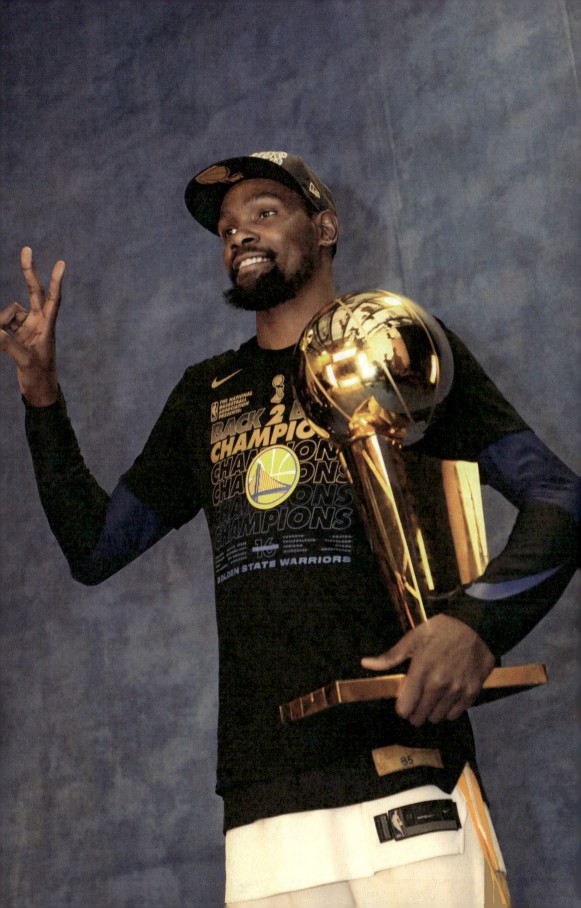

NBA历史上最年轻的得分王，这是杜兰特身上最耀眼的成绩之一，而他在2009—2010、2010—2011、2011—2012三个赛季更是连夺得分王桂冠，常规赛中的杜兰特就是无人可挡的"大杀器"，曾单场拿到过55分的生涯最高得分。

赛季	球队	出场场次	首发场次	出场时间	命中率
2007—2008	超音速队	80	80	34.6	43.0%
2008—2009	雷霆队	74	74	39.0	47.6%
2009—2010	雷霆队	82	82	39.5	47.6%
2010—2011	雷霆队	78	78	38.9	46.2%
2011—2012	雷霆队	66	66	38.6	49.6%
2012—2013	雷霆队	81	81	38.5	51.0%
2013—2014	雷霆队	81	81	38.5	50.3%
2014—2015	雷霆队	27	27	33.8	51.0%
2015—2016	雷霆队	72	72	35.8	50.5%
2016—2017	勇士队	62	62	33.4	53.7%
2017—2018	勇士队	68	68	34.2	51.6%
2018—2019	勇士队	78	78	34.6	52.1%
2019—2020	篮网队				
2020—2021	篮网队	35	32	33.1	53.7%
2021—2022	篮网队	55	55	37.2	51.8%
2022—2023	篮网队	39	39	36.0	55.9%
	太阳队	8	8	33.6	57.0%
生涯数据		986	983	36.7	49.9%

常规赛场均数据

三分命中率	篮板	助攻	抢断	盖帽	失误	得分
28.8%	4.4	2.4	1.0	0.9	2.9	20.3
42.2%	6.5	2.8	1.3	0.7	3.0	25.3
36.5%	7.6	2.8	1.4	1.0	3.3	30.1
35.0%	6.8	2.7	1.1	1.0	2.8	27.7
38.7%	8.0	3.5	1.3	1.2	3.8	28.0
41.6%	7.9	4.6	1.4	1.3	3.5	28.1
39.1%	7.4	5.5	1.3	0.7	3.5	32.0
40.3%	6.6	4.1	0.9	0.9	2.7	25.4
38.7%	8.2	5.0	1.0	1.2	3.5	28.2
37.5%	8.3	4.8	1.1	1.6	2.2	25.1
41.9%	6.8	5.4	0.7	1.8	3.0	26.4
35.3%	6.4	5.9	0.7	1.1	2.9	26.0
					因伤缺席整个赛季	
45.0%	7.1	5.6	0.7	1.3	3.4	26.9
38.3%	7.4	6.4	0.9	0.9	3.5	29.9
37.6%	6.7	5.3	0.8	1.5	3.5	29.7
53.7%	6.4	3.5	0.3	1.3	2.5	26.0
38.5%	7.1	4.3	1.1	1.1	3.2	27.3

截至2022—2023赛季结束

杜兰特自2009—2010赛季率领雷霆队打入季后赛后，除2019—2020赛季因伤报销外，从未缺席过季后赛。他在季后赛打出了超高的统治力，场均出场时间超过40分钟，得分接近30分，多次挽救球队于水火之中。四进总决赛、两夺总冠军、两次获得FMVP，杜兰特就是季后赛中当之无愧的"死神"。

赛季	球队	出场场次	首发场次	出场时间	命中率
2009—2010	雷霆队	6	6	38.5	35.0%
2010—2011	雷霆队	17	17	42.5	44.9%
2011—2012	雷霆队	20	20	41.9	51.7%
2012—2013	雷霆队	11	11	44.1	45.5%
2013—2014	雷霆队	19	19	42.9	46.0%
2015—2016	雷霆队	18	18	40.3	43.0%
2016—2017	勇士队	15	15	35.5	55.6%
2017—2018	勇士队	21	21	38.4	48.7%
2018—2019	勇士队	12	12	36.8	51.4%
2019—2020	篮网队				
2020—2021	篮网队	12	12	40.4	51.4%
2021—2022	篮网队	4	4	44.0	38.6%
2022—2023	太阳队	11	11	42.4	47.8%
生涯数据		166	166	40.5	47.6%

季后赛场均数据

三分命中率	篮板	助攻	抢断	盖帽	失误	得分
28.6%	7.7	2.3	0.5	1.3	3.7	25.0
33.9%	8.2	2.8	0.9	1.1	2.5	28.6
37.3%	7.4	3.7	1.5	1.2	3.2	28.5
31.4%	9.0	6.3	1.3	1.1	3.9	30.8
34.4%	8.9	3.9	1.0	1.3	3.8	29.6
28.2%	7.1	3.3	1.0	1.0	3.6	28.4
44.2%	7.9	4.3	0.8	1.3	2.5	28.5
34.1%	7.8	4.7	0.7	1.2	2.4	29.0
43.8%	4.9	4.5	1.1	1.0	3.6	32.3
						因伤缺席整个赛季
40.2%	9.3	4.4	1.5	1.6	3.5	34.3
33.3%	5.8	6.3	1.0	0.3	5.3	26.3
33.3%	8.7	5.5	0.8	1.4	3.5	29.0
35.5%	7.8	4.2	1.0	1.2	3.3	29.4

截至2022—2023赛季结束

13次入选全明星阵容，2次获得全明星MVP，杜兰特将全明星的赛场变成自己表演的舞台，总得分250分更是力压大多数全明星球员。若不是频繁受到伤病袭扰，杜兰特在全明星赛场上的数据会更加亮眼。

全明星赛数据

赛季	球队	出场情况	命中率	篮板	助攻	抢断	盖帽	失误	得分
2009—2010	雷霆队	替补	50.0%	5	0	0	0	2	15
2010—2011	雷霆队	首发	47.8%	3	2	2	2	0	34
2011—2012	雷霆队	首发	56.0%	7	3	3	0	2	36
2012—2013	雷霆队	首发	54.2%	6	1	2	0	0	30
2013—2014	雷霆队	首发	51.9%	10	6	1	0	1	38
2014—2015	雷霆队	替补	16.7%	3	1	1	0	2	3
2015—2016	雷霆队	首发	61.1%	5	7	2	0	0	23
2016—2017	勇士队	首发	56.3%	10	10	2	0	0	21
2017—2018	勇士队	首发	53.8%	6	5	3	1	2	19
2018—2019	勇士队	首发	66.7%	7	2	1	2	2	31
2020—2021	篮网队	伤缺							
2021—2022	篮网队	伤缺							
2022—2023	太阳队	伤缺							

截至2022—2023赛季全明星赛结束

杜兰特在2007年被超音速队以"榜眼秀"身份选中，随即签下了4年超1500万美元的新秀合同；与雷霆队续约5年，总薪资超过8000万美元；2016年转投勇士队，3年总计收获超过8000万美元。随后杜兰特加盟篮网队、太阳队，其薪资随着职业生涯发展节节攀升。

薪资

赛季	球队	薪资
2007—2008	超音速队	4,171,200美元
2008—2009	雷霆队	4,484,040美元
2009—2010	雷霆队	4,796,880美元
2010—2011	雷霆队	6,053,663美元
2011—2012	雷霆队	15,506,632美元
2012—2013	雷霆队	16,669,630美元
2013—2014	雷霆队	17,832,627美元
2014—2015	雷霆队	18,995,624美元
2015—2016	雷霆队	20,158,622美元
2016—2017	勇士队	26,540,100美元
2017—2018	勇士队	25,000,000美元
2018—2019	勇士队	30,000,000美元
2019—2020	篮网队	37,199,000美元
2020—2021	篮网队	39,058,950美元
2021—2022	篮网队	40,918,900美元
2022—2023	太阳队	44,119,845美元
2023—2024	太阳队	47,649,433美元
2024—2025	太阳队	51,179,021美元
2025—2026	太阳队	54,708,609美元

后记
孤身前行的个性死神

如果非要形容，凯文·杜兰特是NBA绝无仅有的超级反英雄。

反英雄是一个与超级英雄截然相反的概念，他们尽管也是故事中的主角，却缺乏传统的英雄品质，比如理想主义、勇敢、善良、纯洁等。尽管反英雄有时可能会做出大多数观众认为在道德上正确的行为，但他们这样做的原因可能与观众的道德观并不一致，他们可能自卑或自恋，他们或许有点儿马基雅维利主义，在现代的作品里，反英雄有时甚至比传统的超级英雄更吸引观众。

从小住在狭窄拥挤的房间里，不断地从乔治王子郡的一个地方搬到另一个地方，凯文·杜兰特没有朋友，他身高相较同龄人而言过高，同时又瘦得可怕，他常常被同龄的小伙伴称为"怪物"，那是孩童们天真的残忍，他当时并不知道这会影响他的一生。

他时常感到自卑，尤其是在见识到弗吉尼亚的富裕繁荣之后——虽然出生在距离美国政治中心仅仅数公里的地方，但在凯文·杜兰特的心里，他始终认为自己是个从乡下来的穷小子。因此，他付出了他人无法比拟的刻苦，加上与生俱来、无与伦比的天赋，他实现了最经典的"美国梦"，从社会的底层爬到巅峰——"我是联盟最佳球员，我的故事将被写进历史，我是赢家，我很幸福。"杜兰特没有对自己说谎，他确实已经获得了世俗意义上不可思议的成功。

但人总有那种动摇的时刻，在深夜脆弱的时候，尤其是当他看见曾经给他无条件支持的城市将他宣判为"叛徒"，那种深深的恨意触目惊心，于是他也回报以怨恨："我为那支球队付出了九年的青春……我再也不会原谅那个城市、那个社区、那些人。"他也很讨厌别人提到他2010年发的那条推文，当时他还是标准的美国偶像，声称要向拥有詹姆斯、韦德和波什的热火队发出挑战，而这个宣言在他六年后选择加入金州勇士队之时显得如此讽刺。

杜兰特总有自己的一套理论，无论别人是否认同。

为什么毫无预兆地离开雷霆队？他答道："在我职业生涯的某个阶段，我不知道别人到底是怎么看待我的。我知道自己很厉害，而且我非常努力，但我需要我的同行以及其他球队总经理的认可，我希望那些真正以篮球为事业的人能认可我，这才能真正让我感觉充实，让我有自信，让我知道我所做的一切是有意义的。当我进入自由市场时，他们都蜂拥而至，抛下了其他所有工作来见我，这种感觉无可比拟。"

他在社交媒体上与反对者唇枪舌剑，如果有人劝他不应该理会互联网上的负面言论，杜兰特会反驳："我打篮球，我长痘，我曾经是个一无所有的穷孩子，到现在快30岁了也还是在寻找真正的自己。我会看私信，会跟朋友闹着玩儿。我喝啤酒，还非常喜欢玩儿游戏。我比你们想象的要更接地气。"

谈到他的未来，他也会简单直白地宣布："等我职业生涯结束的时候，雷霆队当然要退役我的球衣，凭什么不呢？说真的，我效力过的这些队伍，每一支，难道有谁能够否认我在这支球队历史上有浓墨重彩的一笔吗？我将来是肯定要进名人堂的，我是历史上最出色的球员之一，所以如果他们不退役我的球衣，那完全就是在赌气。"

他说得没有错，球迷有一万种爱他的理由：他得过两届总冠军、两次FMVP、一次常规赛MVP、20次月最佳球员、31次周最佳球员，13次入选全明星阵容，11个赛季入选最佳阵容……而这些数字都还在增加。他未来进入名人堂的概率是100%，无论你是否支持他，你都得承认他是历史上最好的篮球运动员之一。

只是有时候，凯文·杜兰特也有种天真的残忍，无论他自己是否知道。于是他的球迷经常会在骄傲的时候感到委屈，如同泰勒·斯威夫特在歌里唱的那样："始终支持一个反英雄想必令人筋疲力尽。"

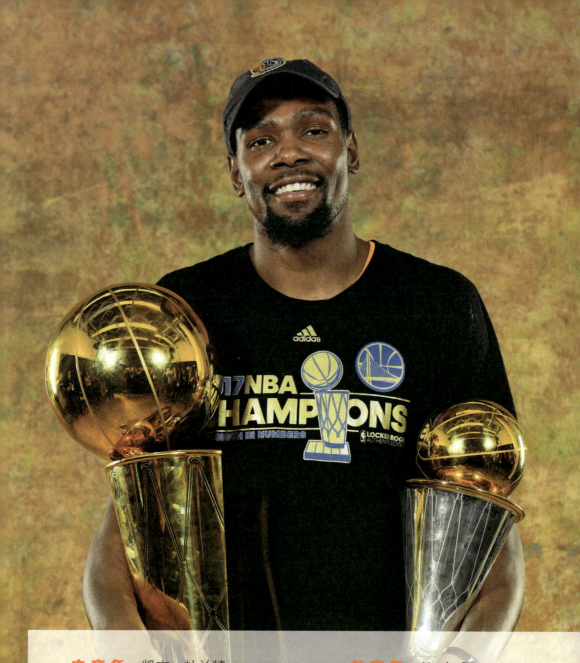

中文名：凯文·杜兰特		**外文名**：Kevin Durant	
绰　号：阿杜、死神、狼蛛、KD		**国　籍**：美国	
出生日期：1988年9月29日		**身　高**：2.08米	
体　重：108.9千克		**毕业院校**：得克萨斯大学	
参加选秀：2007年首轮第2顺位被超音速队选中			
效力球队：超音速队、雷霆队、勇士队、篮网队、太阳队			
球衣号码：35号、7号			

NBA75 周年 75 大巨星

迈克尔·乔丹

达米安·利拉德

蒂姆·邓肯

卡里姆·阿卜杜尔-贾巴尔

埃尔文·约翰逊

沙奎尔·奥尼尔

拉里·伯德

斯蒂芬·库里

凯文·杜兰特

比尔·拉塞尔

比尔·沃尔顿

朱利叶斯·欧文

科比·布莱恩特

威尔特·张伯伦

摩西·马龙

奥斯卡·罗伯特森

德克·诺维茨基

杰里·韦斯特

埃尔金·贝勒

扬尼斯·阿德托昆博

查尔斯·巴克利

哈基姆·奥拉朱旺

233

大卫·罗宾逊

卡尔·马龙

约翰·斯托克顿

约翰·哈夫利切克

伊赛亚·托马斯

克里斯·保罗

乔治·麦肯

德怀恩·韦德

阿伦·艾弗森

鲍勃·库西

斯科蒂·皮蓬

科怀·伦纳德

鲍勃·佩蒂特

多米尼克·威尔金斯

里克·巴里

史蒂夫·纳什

凯文·麦克海尔

帕特里克·尤因

沃尔特·弗雷泽

加里·佩顿

凯文·加内特

贾森·基德

鲍勃·麦卡杜

韦斯·昂塞尔德

雷·阿伦

杰里·卢卡斯

内特·瑟蒙德　　　　　　雷吉·米勒

詹姆斯·哈登　　　　乔治·格文

克莱德·德雷克斯勒

皮特·马拉维奇

詹姆斯·沃西　　　　厄尔·门罗

威利斯·里德　　　　埃尔文·海耶斯

奈特·阿奇博尔德　　　萨姆·琼斯

保罗·皮尔斯　　　　戴夫·考恩斯

罗伯特·帕里什

哈尔·格瑞尔　　　　兰尼·威尔肯斯

保罗·阿里金　　丹尼斯·罗德曼

拉塞尔·威斯布鲁克　　　卡梅隆·安东尼

多尔夫·谢伊斯　　安东尼·戴维斯

戴夫·德布斯切尔　　　比利·坎宁安

戴夫·宾

勒布朗·詹姆斯

比尔·沙曼

历届 NBA 总冠军榜

赛季	球队
2022—2023	丹佛掘金队
2021—2022	金州勇士队
2020—2021	密尔沃基雄鹿队
2019—2020	洛杉矶湖人队
2018—2019	多伦多猛龙队
2017—2018	金州勇士队
2016—2017	金州勇士队
2015—2016	克利夫兰骑士队
2014—2015	金州勇士队
2013—2014	圣安东尼奥马刺队
2012—2013	迈阿密热火队
2011—2012	迈阿密热火队
2010—2011	达拉斯独行侠队
2009—2010	洛杉矶湖人队
2008—2009	洛杉矶湖人队
2007—2008	波士顿凯尔特人队
2006—2007	圣安东尼奥马刺队
2005—2006	迈阿密热火队
2004—2005	圣安东尼奥马刺队
2003—2004	底特律活塞队
2002—2003	圣安东尼奥马刺队
2001—2002	洛杉矶湖人队
2000—2001	洛杉矶湖人队
1999—2000	洛杉矶湖人队
1998—1999	圣安东尼奥马刺队
1997—1998	芝加哥公牛队
1996—1997	芝加哥公牛队
1995—1996	芝加哥公牛队
1994—1995	休斯敦火箭队
1993—1994	休斯敦火箭队
1992—1993	芝加哥公牛队
1991—1992	芝加哥公牛队
1990—1991	芝加哥公牛队
1989—1990	底特律活塞队
1988—1989	底特律活塞队
1987—1988	洛杉矶湖人队
1986—1987	洛杉矶湖人队
1985—1986	波士顿凯尔特人队
1984—1985	洛杉矶湖人队

赛季	球队
1983—1984	波士顿凯尔特人队
1982—1983	费城76人队
1981—1982	洛杉矶湖人队
1980—1981	波士顿凯尔特人队
1979—1980	洛杉矶湖人队
1978—1979	西雅图超音速队
1977—1978	华盛顿子弹队
1976—1977	波特兰开拓者队
1975—1976	波士顿凯尔特人队
1974—1975	金州勇士队
1973—1974	波士顿凯尔特人队
1972—1973	纽约尼克斯队
1971—1972	洛杉矶湖人队
1970—1971	密尔沃基雄鹿队
1969—1970	纽约尼克斯队
1968—1969	波士顿凯尔特人队
1967—1968	波士顿凯尔特人队
1966—1967	费城76人队
1965—1966	波士顿凯尔特人队
1964—1965	波士顿凯尔特人队
1963—1964	波士顿凯尔特人队
1962—1963	波士顿凯尔特人队
1961—1962	波士顿凯尔特人队
1960—1961	波士顿凯尔特人队
1959—1960	波士顿凯尔特人队
1958—1959	波士顿凯尔特人队
1957—1958	圣路易斯老鹰队
1956—1957	波士顿凯尔特人队
1955—1956	费城勇士队
1954—1955	锡拉丘兹民族队
1953—1954	明尼阿波利斯湖人队
1952—1953	明尼阿波利斯湖人队
1951—1952	明尼阿波利斯湖人队
1950—1951	罗彻斯特皇家队
1949—1950	明尼阿波利斯湖人队
1948—1949	明尼阿波利斯湖人队
1947—1948	巴尔的摩子弹队
1946—1947	费城勇士队

历届总决赛MVP

赛季	FMVP
2022—2023	尼古拉·约基奇
2021—2022	斯蒂芬·库里
2020—2021	扬尼斯·阿德托昆博
2019—2020	勒布朗·詹姆斯
2018—2019	科怀·伦纳德
2017—2018	凯文·杜兰特
2016—2017	凯文·杜兰特
2015—2016	勒布朗·詹姆斯
2014—2015	安德烈·伊格达拉
2013—2014	科怀·伦纳德
2012—2013	勒布朗·詹姆斯
2011—2012	勒布朗·詹姆斯
2010—2011	德克·诺维茨基
2009—2010	科比·布莱恩特
2008—2009	科比·布莱恩特
2007—2008	保罗·皮尔斯
2006—2007	托尼·帕克
2005—2006	德怀恩·韦德
2004—2005	蒂姆·邓肯
2003—2004	昌西·比卢普斯
2002—2003	蒂姆·邓肯
2001—2002	沙奎尔·奥尼尔
2000—2001	沙奎尔·奥尼尔
1999—2000	沙奎尔·奥尼尔
1998—1999	蒂姆·邓肯
1997—1998	迈克尔·乔丹
1996—1997	迈克尔·乔丹
1995—1996	迈克尔·乔丹

赛季	FMVP
1994—1995	哈基姆·奥拉朱旺
1993—1994	哈基姆·奥拉朱旺
1992—1993	迈克尔·乔丹
1991—1992	迈克尔·乔丹
1990—1991	迈克尔·乔丹
1989—1990	伊塞亚·托马斯
1988—1989	乔·杜马斯
1987—1988	詹姆斯·沃西
1986—1987	埃尔文·约翰逊
1985—1986	拉里·伯德
1984—1985	卡里姆·阿卜杜尔-贾巴尔
1983—1984	拉里·伯德
1982—1983	摩西·马龙
1981—1982	埃尔文·约翰逊
1980—1981	塞德里克·麦克斯维尔
1979—1980	埃尔文·约翰逊
1978—1979	丹尼斯·约翰逊
1977—1978	韦斯·昂塞尔德
1976—1977	比尔·沃尔顿
1975—1976	乔乔·怀特
1974—1975	里克·巴里
1973—1974	约翰·哈夫利切克
1972—1973	威利斯·里德
1971—1972	沃尔特·张伯伦
1970—1971	卡里姆·阿卜杜勒-贾巴尔
1969—1970	威利斯·里德
1968—1969	杰里·韦斯特